発達・制度・社会からみた教育学

南本長穂・伴 恒信 編著

北大路書房

はじめに

　本書は，子どもの発達支援や教育に携わる人々，あるいは，幼稚園や小・中・高等学校の教員や保育所等での保育士，看護師や医療従事者，公務員（教育行政）等をめざして学んでいる人々に，子どもの発達と教育および社会との関係性をわかりやすく理解し考えてもらうためのテキストとして編まれたものである。

　子どもの発達や教育に関して，発達心理学の知見にもふれ，おもに教育学や社会学の研究動向をふまえ，その知的水準を維持し，読者に多大な関心や興味をもってもらえることを意図している。とくに各章で取り扱っている課題や内容をどのように構成すれば，より質の高い理解が可能となるかという点を視野に入れて発想し，さまざまな工夫を凝らし，企画している。

　なお，本書は，2002年9月に出版した『子ども支援の教育社会学』の改訂版である。初版出版から10年を経ずの改訂となった。21世紀に入り，わが国の学校教育に改革の嵐が襲い，家庭や地域は大きく変貌し，企業社会は言うまでもなく，国際状況も大きく変化してきている。こうしたわが国内外の社会の急激な変化のもとで，子どもの発達，その生活や学習をどのように考えていけばよいのか。親や教師・保育士，地域や国にはどのような支援が求められるのか。こうした課題や問題への対策が求められてはいるが，それらの多くは有効なものとなり得ず，試行錯誤が続く状況にある。こうした現状をふまえ，子どもの生活や学習を見つめ直し，最新の知見を加えながら改編を試みたのが本書である。

　執筆に際しては，子どもの発達や教育に関して，概念や知識の提示や解説に終始したり，やさしい言葉で説明しただけのテキストではなくて，若い世代に知的関心を喚起してもらえるような，知的探求心に訴える中味をもったものをめざした。新たに加えた章もあるが，これはこの10年という時間的経過の中で，取り上げる必要性を痛感した課題や問題である。

　本書はこうしたねらいをもって以下のように構成した。

　第Ⅰ部は，本書全体の基礎論をなす部分で，「子どもの発達ステージ」と称した。まず，1章「子どもの変容と人間発達論の変遷」で現在の子どもの現況

と発達の理論を大きな歴史社会的な視野から捉えた。次に，子どもの発達ステージに即して，2章では乳幼児期における課題としての「変わる家族とジェンダー観」，3章では児童期における発達の特徴や子どもの育ちのための環境や課題を扱った「子どもが生きる世界」，4章では，アイデンティティの問題を中心に思春期・青年期における「若者の生きる世界」という章の構成で，子どもの発達の問題や課題に対しての教育社会学的なアプローチを試みた。

第Ⅱ部は，学校と社会との関係性を，社会が学校に与える影響の側面「社会の中の学校」と，学校そのものが1つの社会を造り上げている側面「学校社会」との両面から捉えて問題を論述している。5章は，「学校教育の量的拡大とその進展」ということでわが国の学校制度の歴史的な推移を，6章は，今日の「わが国の教育制度と学校経営」を，7章は，「欧米の学校と教育制度」を扱っている。8章は，学校の教育内容の核となる「カリキュラム」編成基準の成立過程を叙述している。9章と10章は，現在の学校から派生する「学級崩壊」「学校文化」といった問題や現況をその社会的な背景をもふまえて検討している。

第Ⅲ部では，多大な変貌を遂げる今日の社会変化が，直接あるいは間接に学校を介して子どもにどのような影響を及ぼしているのかを，「メディア」（11章），「グローバル化」（12章），「競争化」（13章）という3つの視点から捉えた。14章では，21紀に入っても依然として大きな問題である「いじめ」を学校の問題事象としてだけでなく社会の問題として捉える視角の重要性を述べ，15章では，現在の子どもの生活や発達にとって大きな課題である社会体験をアメリカの「サービス・ラーニング」を紹介しながら論述している。最後のまとめとして16章では，われわれ編者の恩師である新堀通也先生の「子どもの未来のために」を掲載させていただいている。

なお，本書の出版に際しては，前回と同様，編集部の北川芳美さんには多大なご尽力をいただいた。おそらく北川さんのご支援・ご助言，粘り強くかつ暖かい督促がなければ，とうてい上梓にこぎ着けられず，本書はお蔵入りになったかもしれない。深く感謝申し上げたい。

2010年3月

編者　南本長穂・伴　恒信

もくじ

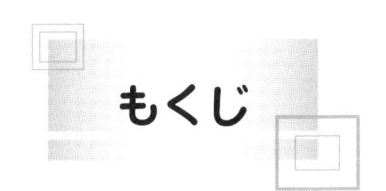

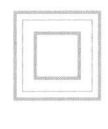

はじめに　i

第Ⅰ部　子どもの発達ステージ

1章　子どもの変容と人間発達論の変遷 … 2
1節　「大人-子ども」のボーダーレス化　2
2節　人間発達論の社会歴史的基底　5
3節　ポスト「生涯発達論」　11

2章　変わる家族とジェンダー観（乳幼児期） … 13
1節　歴史の中の家族像　13
2節　家庭教育と子育て支援−わが国における子育ての課題　16
3節　ジェンダーと学校教育　20

3章　子どもが生きる世界（児童期） … 24
1節　児童期における発達　24
2節　今日の子どもを取り巻く社会環境　26
3節　情報化・消費社会における子どもの育ち　29
4節　子どもの生きる世界と大人の課題　31

4章　若者の生きる世界（思春期・青年期） … 35
1節　若者の変容と思春期・青年期の問題　35
2節　思春期・青年期とアイデンティティのゆらぎ　36
3節　アイデンティティ確立の受難な時代に生きる若者たち　37
4節　小さな世界と拡大された世界の狭間で　41
5節　おわりに−学校とのかかわりにおいて　42

第Ⅱ部　社会の中の学校・学校社会

5章　学校教育の量的拡大とその進展 …… 46
　　1節　学校教育の量的拡大―「学制」から終戦まで　46
　　2節　数字で見る学校教育の到達点―戦後および高度経済成長期　54
　　3節　学校制度の質的改革へ　56

6章　わが国の教育制度と学校経営 …… 62
　　1節　教育制度の概念と公教育　62
　　2節　現代公教育制度の構成原理　64
　　3節　学校経営　68

7章　欧米の学校と教育制度 …… 75
　　1節　ヨーロッパの学校の起源　75
　　2節　イギリス公教育制度の成立　78
　　3節　アメリカの教育制度と教育改革　83

8章　カリキュラムと指導（教育内容）…… 89
　　1節　学校のカリキュラム編成にかかわる法的規定　89
　　2節　学習指導要領の運用上の規定　91
　　3節　新学習指導要領の特質と内容　93

9章　学級経営と学級崩壊 …… 102
　　1節　学級崩壊という現象　102
　　2節　学級崩壊の原因論　105
　　3節　学級経営再考　109

10章　学校文化の視角―児童・生徒による意味付与― …… 112
　　1節　文化を捉える視点　112
　　2節　学校という場　115
　　3節　学校という場における意味の生成　120

第Ⅲ部　社会変化と子ども

11章　メディアに託されたメッセージ………126
 1節　メディア研究の意義　126
 2節　マンガの中の「熱血教師」　128
 3節　さらなるメディア研究に向けて　132

12章　グローバル化と教育………135
 1節　グローバル化の影響　135
 2節　教育のグローバル化　137
 3節　グローバル化時代への対応　141

13章　競争化社会と平等・格差問題………144
 1節　競争化社会の到来―競争と平等との関連性　144
 2節　競争化社会の罪―格差問題　146
 3節　競争化社会の中での子どものよりよい育ち　150

14章　教育問題と「いじめ」………153
 1節　いじめの定義と認知件数　153
 2節　学校社会といじめ　156
 3節　いじめと「社会問題としてのいじめ」　162

15章　次世代をはぐくむ社会体験
 　　　―サービス・ラーニングから学ぶ―………166
 1節　バーチャル空間に生きる子どもたちの人間関係　167
 2節　「学校教育及び社会教育における体験活動の促進について」　170
 3節　サービス・ラーニング　174

16章　子どもの未来のために………178
 1節　未来からの留学生―子どもは未来の担い手　178
 2節　現在の子ども―教育ポピュリズム　179
 3節　未来の予測―後世，恐るべし　185

引用・参考文献　189
事項さくいん　200
人名さくいん　204

第Ⅰ部

子どもの発達ステージ

1章
子どもの変容と人間発達論の変遷

　これまで大人と子どもとを分け隔てていた境界が、2つの要因によって取り払われつつある。1つは学校の通過儀礼的機能の喪失、もう1つは電子情報化の進展である。その結果、今や子どもは大人に目標となる自己の発達モデルを見いだすことができない。

　そもそも人間発達の理論とは、その時々の社会歴史状況に規定された大人の発達モデルであり、相互に理論構築上の刺激や基盤を受け継ぎながら展開してきた。社会学に有効な発達論の発展の軌跡を追いながら、その社会歴史的意義や現代につながる意味を跡づけていこう。

1節　「大人－子ども」のボーダーレス化

　「子ども」は17世紀に発見され、今また21世紀に消滅しつつあるといわれる。大人を子どもから画然と区別したものが、印刷技術の発展で普及した書物の知識量の較差であり、学校はその知識較差を解消して子どもを大人社会に送り出す通過装置として機能していた。この大人と子どもとの境界を画していた2つの要素が今日変貌し、逆に境界（ボーダー）を消失させる方向にある。まず、子どもを大人に仕立て上げる通過儀礼の役割を果たさなくなった学校について見てみよう。

　フランスの歴史学者アリエス（Ariès, P.）は、中世ヨーロッパにおいては大人とは違った存在として「子ども」が認識されておらず、それは中世芸術の肖像画に大人の服装と風貌をもった単に背丈の小さい人が描かれていることからもわかると述べる。この時代には今日でいう子どもが6～7歳の段階で「小さな大人」と見なされるようになると、ただちに両親から切り離されて家事奉公や徒弟修業に出され、大人たちと変わらぬ共同生活に組み入れられていったのである。しかし、活版印刷機の発明と、ルネサンスに続く一連の宗教改革、産

業革命の動きは，ヨーロッパの文明と社会のあり方に根本的変革をもたらし，17世紀以来奉公や徒弟修業に代わって子どもを大人や世間から隔離させ教育する学寮あるいは学校が発達してきた。子どもたちがこうして大人の世界から分離され，民衆風俗のみだらさから遮断されるようになって，「子ども期」に社会秩序や躾を身につけさせようとする学校の規律化もそれにともなって現われてきたというのである（アリエス，1980）。

19世紀から20世紀にかけての産業化の中で，学校は巨大かつ複雑になった産業構造に合わせて人材を選別していく人材配分の役割を担うとともに，あまねく国民に共通した文化伝達を行なう国民統合の社会化機関として重要な役割を果たしてきた。そして，欧米，日本を含む先進諸国においては1960年代からの高度産業化の進展にともなって就学期間も延長の一途をたどり，学校は現代の産業社会の中で子ども時代を保障し，大人への参入を支援する唯一の巨大な通過儀礼装置として機能してきたのである。フランスのバカロレアやドイツのアビトゥアといったヨーロッパ諸国での中等教育修了資格，日本やアジア諸国での入学・卒業式と上級学校への入学試験などは，学校教育の中で個々人が努力の結果獲得した知識の総量を証明し，大人社会へ参入する準備ができたあかしとして，実質的に学校の通過儀礼を補完する役割を果たしてきた。だが今日の日本では，子どもは勉強を口実にあらゆる責務が免除され，大学全入時代の多様化され入学緩和された学習コースを20歳代半ばまで享受できるようになってきている。今や子ども時代に加えて青年期も30歳代にまで延長して考えられ，年齢の上では大人になっても経済的にも精神的にも生まれ育った定位家族に居座り続けるパラサイトシングルや，社会での職業的自立を果たせないフリーター，あるいは完全に社会に背を向け家庭に閉じこもる「引きこもり」，などといった社会から浮遊した若者層を生みだしているのである。

一方，印刷された文書情報を論理的に解読し作成していた時代から電子機器を媒体とする近年の情報化への変質は，大人と子どもとの取得情報の量と質を逆転させるまでになってきたのである。

15世紀のグーテンベルグの活版印刷術の発明は，本とかポスターなどの印刷媒体を通じて直接人々に情報や知識をもたらし，当時としては画期的な情報革命であった。ただ，その情報を獲得するには一般の人々の生活からは遊離し

たラテン語をはじめとする難解な文章を読みこなし理解する能力が要求され，その能力を身につけるには長い年月とみずからを律する努力が求められた。そして，その要請に応えるべく学校が設立され，富裕層や中産階級が自分の特権を保持し階層を再生産するために子弟をコストのかかる寄宿制の学校に送り込んだのである。精進と努力によって得られる書物の知識は，科学技術の進歩となって人々に目に見える形での多大な恩恵をもたらした。そしてまた，子どもと大人との間の大きな知識量の差異が明らかとなり，子どもが大人を尊敬し服従するという当然の基盤を提供したのである。

　今日21世紀にかけての情報化は，テレビ，コンピュータ，携帯電話など絶え間なく進化する最新鋭の情報機器を媒体としての映像や言語コミュニケーションを介しての情報化であり，情報を受け取るための知的訓練や努力を要しないものとなってきている。さらには，絶えず進歩変容する機器の取り扱いに関しては，経験や努力よりも若い柔軟な適応力と勘のほうが役に立つのである。今日の情報化においては，不器用な大人は適応の早い子どもに馬鹿にされ，知識技量ともにその多さによって尊敬されることはない。また，情報化は単に多くの量の情報や知識をもたらすばかりでなく，完膚無きまでの民主化という副産物をももたらす。マスコミを通じての日々くり返される報道合戦によって，これまで権威の傘の中に安住していた国会議員や外務省の不祥事が白日の下にさらされるようになる。昔であったら，情報統制したり隠蔽したりして外面上の権威を保持できていたものが，どんどん公にされその仮面の背後にある倫理性の無さや不甲斐なさが明らかとなるのである。権力を握った大人がいかに堕落しやすいものか，厳しい社会情勢下で大企業が破綻し，善良なサラリーマンがいかに簡単に解雇・リストラされていくか，を知らされる子どもたちに対し「将来に夢をもって努力せよ」「大人を尊敬せよ」と教えることができるであろうか。子どもにとって，人間発達の究極の姿としてあるべき大人の理想像やモデルが描けるであろうか。生涯にわたって人間的に発達していない大人の姿があからさまとなり，人間の発達課題としてこれまで提示してきたことが，科学の果てしない発達を信じることのできた産業社会時代の幻想であったことが明らかとなるのである。社会学の祖であるデュルケーム（Durkheim, É.）が百年以上も前に，『自殺論』の中で論じていたことが喚起される。自殺を予防する

ため人々は教育に期待を込めて,「知性ばかりでなく性格を,観念ばかりでなく信念を育てるようつとめること」つまりは道徳的性格に力強さを与えようと考えるけれども,それは「教育に,もともとありもしない能力を認めることである」。教育は社会を反映するもので「国民自身が健全な状態にあるとき,はじめて教育も健全なものとなるが,それはまた国民とともに腐敗もする…」(デュルケーム,1985) 人間発達の理論もしかり,大人のモデルなき時代の発達はいかにあるべきなのだろうか。

2節　人間発達論の社会歴史的基底

　大人の理想モデルが明示されない現代を反映してか,人間の発達を全体として鳥瞰（ちょうかん）できる有効な発達の理論枠組みが存在しない。現在学問領域を超えて広く引用されるのはエリクソン (Erikson, E. H.) の生涯発達論であるが、ここでは社会学にもかかわりの深い人間発達の理論をその社会歴史的背景をも踏まえながら概説していこう。

　日本が明治維新を経て第二次世界大戦にいたるまでの急速な近代化に邁進している19世紀の中頃から20世紀前半にかけて、産業化の一歩手前を走る欧米諸国では産業社会における近代的個人のあり方が問われていた。このほぼ同時期にアメリカとヨーロッパにおいてそれぞれの立場から「自我」を主題に人間発達の理論を構築した巨匠がいる。そのアメリカ側の騎手は、ミード (Mead, G. H. ／ 1863-1931) であり、社会行動主義の観点から自我の社会的形成を明らかにした。他方、ヨーロッパ側の騎手は、フロイト (Freud, S. ／ 1856-1939) で彼の創始した精神分析学の視点に立って、人間のパーソナリティを統御する自我の内面的機能を理論化したのである。

　まず、ミードはアメリカのプラグマティズムを代表するシカゴ学派の論客であり、大規模な産業化の中にあって貧困、犯罪、社会的腐敗の巣窟ともいえる大都市シカゴの社会問題を見据えながら、社会と個人との相互作用を通じて自我が社会によって培われ、自我が社会へかかわっていく道筋を明らかにしようとしたのである。彼は、人間の自我の2つの側面を捉え、自我の主体手として

の能動的側面を表わすものを「主我（I）」，他者の期待が自我に内在化された受動的側面を示すものを「客我（me）」と名づけて区別した。ミードによれば，子どもの自我は両親や兄弟姉妹，友人や教師などの「意味ある他者（significant others）」の期待を認知し，それをみずからに取り入れること（役割取得）によって形成される。子どもが成長するにつれて，かかわる人々も多様に複雑になり，それら複数の他者の期待をまとめあげ，「一般化された他者（generalized other）」の期待として 知らず知らずのうちにルールや社会規範を身につけていくのである。こうして，他者の態度を取り入れた客我は社会の慣習や規範に照らして主我を常に内面からチェックするが，それでも主我の個人的独自性は失われることなく，自発的に社会を変えていく力ともなるのである。

　一方フロイトは，18世紀末からヨーロッパで花咲いたロマン主義の思潮の中で感性や想像力が解放されつつも社会規制や慣習に囚われている個々人の内面の葛藤を，自我，超自我，イド（エス）といった人格の構成領域間の関係で説明しようとした。彼が臨床医として開業していた当時のウィーンでは，ヨハン・シュトラウス父子がワルツの名曲を次つぎに生み出し，芸術・文化の中心として人々の自由な表現が奨励される一方，身分伝統的なくびきは根深く，人々の心は内奥からの欲求と理性との狭間で揺れていた。フロイトは，O・アンナのヒステリー症例などから人間の心の無意識層に抑圧された性衝動を見いだし，それを意識化する方法と理論の体系として精神分析学を確立していったのである。彼によれば，人間の心には性衝動と攻撃衝動の広大な無意識の貯水池であるイドと，イドと外界との間に立って欲求を意識化し現実的な適応を果たす自我，社会の伝統的な規範や価値を内在化して自我を監視する超自我という3つの領域が存在し，人間はもって生まれたイドの領域を人々との関係を通じて現実に適合させながら自我領域へと拡大していくと理論化した。

　フロイトは，19世紀の物理学で確立したエネルギー保存の法則の影響を受けてリビドーと称する性的なエネルギーを仮定し，このリビドーが人間の発達につれて異なった身体部位に固着していくと考えた。リビドー発達論の中で彼は，第1段階の口唇期で1歳半ぐらいまでの乳児が母親の乳房を口に含んで乳を吸うという口唇領域での活動に快感を覚えており，性的エネルギーのリビド

ーもこの口唇に集中するという。2歳ぐらいの幼児のトイレット・トレーニングと重なる第2段階の肛門期では，排便の際の肛門粘膜への刺激が性的快感となり，この肛門にリビドーが固着し自分の身体の一部であった排泄物を溜め込むことに快感を覚えることが吝嗇(りんしょく)な性格形成につながるという。3歳から5歳にかけての男根期においては，ギリシア神話オイディプス王伝説に象徴されるような同性の親を憎み，異性の親を愛するエディプス・コンプレックスが現われ，男児の場合圧倒的に優位な力をもつ男親に男根を取り去られるという去勢不安をいだき，エディプス願望は抑圧され同性の親への同一化が進むことになる。現在の学童期に相当する潜伏期にはリビドーの出現がみられなくなり，思春期に入ってこれまでの部分的身体部位でのリビドー固着が性器に向けて統合され，異性を性愛と愛情の統一的対象として愛することができるようになるというものである。

　20世紀に入って1902年，奇しくも再びアメリカとヨーロッパ・ドイツに今度はフロイトのリビドー発達論をベースに人間発達論を構築した理論家が生まれた。アメリカの構造機能主義社会学の礎を築いたパーソンズ（Parsons, T. / 1902-1979）とヨーロッパでフロイトの娘アンナ・フロイトに精神分析の手ほどきを受け，後にアメリカに渡って生涯にわたる人間発達論を提唱するエリクソン（Erikson, E. H. / 1902-1994）である。

　パーソンズは，第二次大戦後のアメリカのみならず世界の社会学を代表する研究者であるが，それはまさに戦後世界におけるアメリカの圧倒的優位に立ち安定した地位を学問領域の中で象徴的に代弁していた。彼は，1951年シルズ（Shils, E. A.）らとともに，社会学，心理学，文化人類学の行為理論における統合を企図した『行為の総合理論をめざして』を著し，同時に社会全体を社会的行為を構成単位とするシステムとして大きく捉える『社会大系論』を単著で著して，壮大な理論構築の一里塚を築いている。この後，小集団の研究で第一線にいたベールズ（Bales, R. F.）との共同作業を経て作り上げたAGIL図式は，あらゆる課題遂行をAdaptation（適応），Goal Attainment（目標達成），Integration（統合），Latency（潜在）という4部門の社会的行為の統合的相互連関システムとして分析していく枠組みを提供することになった。

　パーソンズは，子どもの発達を社会化（socialization）の過程として捉え，

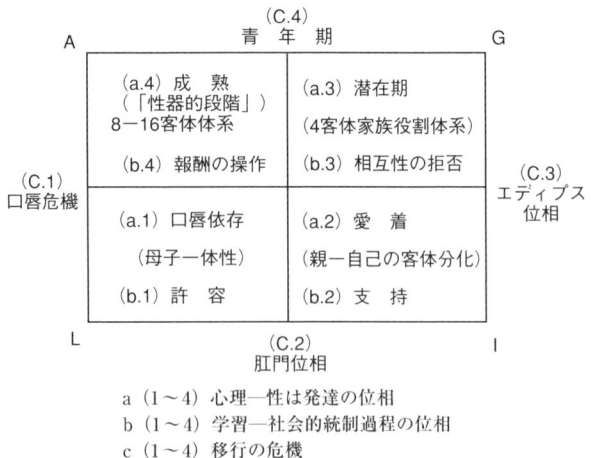

● 図1-1 課題遂行と社会的統制の位相パターン（パーソンズ&ベールズ，1970）

　若い世代に対し社会生活に必要な能力や資質を発達させる社会の側の意図的はたらきかけをAGIL図式とフロイトのリビドー発達論との併合的援用によって説明しようとする。彼によると図1-1のように，パーソナリティの発達は，安定期と移行の危機とが交互に現われ，AGIL図式の逆回り，すなわちLIGAの順の位相展開として示される。パーソンズの社会化論のスタートは，図1-1のAとLとの間にあるC.1の口唇危機からである。子どもの誕生は多分に外傷的なものとなるが，それは子どもが産道を通過するとか，突然吸乳や排泄の行為が必要になるとか，発生的に内蔵されているメカニズムによるものではなくて，胎児から乳児となる全面的に新しい条件下で生まれつき与えられていない新しい行動のパターンを学習しなければならなくなることから生じる。次のL位相でのa.1口唇依存の段階は，子どもの母親への融合的愛着で自我が安定する時期になり，LからIの位相への移行にあたる肛門位相においては子どもに新しい自律コントロールを要求するという意味において安定性が乱されるのである（パーソンズ & ベールズ，1970）。

　パーソンズの社会化論は，フロイトのリビドー発達論をまさに換骨奪胎して社会関係の変化や拡大が要請する子どもの社会的行動の変容という文脈に置き換えている。それはフロイトの理論の発展というより，形式的な論理整合性だ

けを求めて半ば強引に自己のAGIL図式に発達論を組み込んだ構成になっている。パーソンズの社会化論が展開される同じ著書『家族』の中において，彼は核家族の役割構造を図1-2のように，力の縦軸と道具的機能対表出的機能の横軸を設定して4つのパターンに分けている（パーソンズ＆ベールズ，1970）が，これも男性が家庭外の社会から家族に必要な資源を調達し，女性が家庭の内に居て

	道具的優先性	表出的優先性
優位力	道具的優位 父（夫）	表出的優位 母（妻）
劣位	道具的劣位 息子（兄弟）	表出的劣位 娘（姉妹）

● 図1-2 核家族の基礎的役割構造
（パーソンズ＆ベールズ，1970）

人間関係に配慮し調整するという，第二次大戦後から1950年代にみられた大国アメリカの均衡安定した社会状況と保守的な性別役割観に理論づけを与えたものである。1960年代のアメリカのベトナム軍事介入と反戦運動に触発された人種差別撤廃運動に始まる大きな社会変動は，やがて女性の社会進出から離婚や婚外子の増大で家庭の崩壊をもたらし，人々の社会・家庭での役割意識や価値観を大きく変えてきた。その意味でパーソンズの誇大理論（grand theory）は，1950年代アメリカの安定したよき時代の記念碑的産物といえるのかもしれない。

　フロイトのリビドー発達論をパーソンズ同様下敷きにしているといっても，エリクソンはフロイトの精神分析学をアンナ・フロイトから直系で受け継ぐ正統派である。エリクソンは，フロイトの発達論の性的含意を抜き去り人間の生涯にわたる自我の漸成的発達という観点に置き換えて発達論を展開した。漸成的（epigenetic）発達とは，語義からepiがupon，genesisがemergenceを意味するように，時間的空間的にある事項の上に他の事項が発達する形態を表現している。元来，漸成は生物学の概念で，胎児の発達はまず神経組織，次に肺，心臓といったように身体の各器官にはそれぞれ発生する順序と時期があって，最初から各器官が卵の中に用意されているわけではないという考え方である。エリクソンはこの考え方を基礎に，フロイトのリビドー発達論の5段階にほぼ直接的に符合する形で青年期までの段階を再定式化し，さらに晩年までの3段階を加えて生涯8つの段階の漸成的図式（図1-3）を完成した（エリクソン，

1990)．したがってこの図式は，各構成要素の漸成的な発達とともに，相互に影響を及ぼし合う諸段階の全体体系をも表現しており，個々の段階を考察するにも常に全体構造を念頭に置いておかなければならないのである．図1-3の対角線部分が自我の発達の標準的順序を示しており，各段階では自我の統合性を脅かす1つの核心的葛藤－「危機」が出現してくる．それゆえ，人間が心理的かつ社会的に順応していくためには，まず基本的不信にまさる基本的信頼を発達させることが必要であり，次には恥と疑惑にまさる自律性の発達を果たさなければならないことが図1-3から読みとれるのである．

エリクソンは，この漸成的発達論を武器に歴史的偉人の各発達段階における内面的特質と歴史社会状況とのかかわりを分析し，サイコヒストリー（psychohistory）とよばれるアプローチ法を展開している．たとえば彼は宗教改革家のルターを取り上げ，非凡な人間が青年期に他人をしのぎ創作する義務感をもちながら成長することで，適切な手段を見いだすまでアイデンティティ

		1	2	3	4	5	6	7	8
老年期	Ⅷ								統合 対 絶望，嫌悪 英知
成人期	Ⅶ							生殖性 対 停滞 世話	
前成人期	Ⅵ						親密 対 孤立 愛		
青年期	Ⅴ					同一性 対 同一性混乱 忠誠			
学童期	Ⅳ				勤勉性 対 劣等感 適格				
遊戯期	Ⅲ			自主性 対 罪悪感 目的					
幼児期初期	Ⅱ		自律性 対 恥，疑惑 意志						
乳児期	Ⅰ	基本的信頼 対 基本的不信 希望							

● 図1-3　エリクソンの漸成的発達図式（エリクソン，1990）

の拡散を長引かせる具体像を示している。ルターは，政界での世俗的成功を望む父親の期待を受けて最初エルフルト大学の法学部で学んでいたが，突如として修道院に入ってしまう。父親の生き方への懐疑をいだきながらみずからのアイデンティティの確立を求めて苦悶していたルターが20歳代初め，修道院の聖歌隊で「私ではない！」と叫び倒れる場面からエリクソン著『青年ルター』は始まる（エリクソン，1974）。その後ルターは，約10年間にわたる宗教的な懐疑と疑惑の期間を経て，32歳にヴィッテンベルクの教会扉に95箇条のテーゼを貼って，中世教皇制度と免罪符に代表される宗教的腐敗に対する反抗運動の精神的指導者となっていくが，エリクソンは父親からの自立を願い自己を模索苦悶するルターの青年期と権威の権化であった中世教皇との関係性など当時の歴史状況との交錯を巧みに描いているのである。

3節　ポスト「生涯発達論」

　1960年代にユネスコ（国際連合教育科学文化機関）から「生涯教育（lifelong education）」の考え方が提唱され，ハッチンス（Hutchins, R. M.）がすべての人々が労働から解放され自己実現のための学習を続けられる「学習社会（learning society）」の未来像を描いた時，そのようなユートピアはいまだ遠い未来の彼方に思われていた。ユネスコの生涯教育の提唱を受け日本でも1971年にはいち早く，社会教育審議会答申で生涯教育の考え方を導入，1981年の中央教育審議会答申「生涯教育について」では学歴偏重をあらため社会全体が生涯教育の考え方に立つよう提言し，1987年には中曽根首相（当時）直属の臨時教育審議会から教育改革の大きな方向として「生涯学習体系への移行」が国家の政策として提案された。こうした生涯教育ならびに生涯学習のブームに乗って，人間発達論も生涯にわたる発達を視野に収めたエリクソンはじめレヴィンソン（Levinson, D. J.），マズロー（Maslow, A. H.），レヴィンジャー（Loevinger, J.）などの理論がさかんに援用されるようになる。そしてこれらの発達論は，エリクソンの定式する老年期の自我の統合性というテーゼに典型的にみられるように，発達の究極的な姿としていかなる脅威に対しても自己の

威厳を失わず,生に超然とした関心をもつ英知ある人間像を背後に秘めている。つまり,人間は生涯にわたって発達し続ける,否,発達し続けたいとの願望を理論の体裁をとって表現しているのである。しかし現実には,人間は老いるにつれ生理学的に確実に脳は萎縮し,身体および情緒的機能は低下,自己の慣れ親しんだ慣習と生き様に固執し,権力を握る者はほとんど例外なく唯我独尊的な傲慢さと権謀術策に陥っていくのである。そうした意味で,これまでの生涯発達論は1950年代以降の人類にとって比較的幸運な右肩上がりの安定した経済成長時代の産物であって,成長神話の崩壊した21世紀にそぐわない発達論となってきているのではないだろうか。

これまで大人は子どもを常に教育すべき対象としてしか見てこなかった。しかし子どもたちは,モデルなき大人たちを冷厳に見据え,大人に「教育される」ことに拒否を突きつけてきている。地球規模のエコロジカルな感覚を培った子どもたちの中には,社会へのボランティアな参画を通じて大人との共生の道を探っている者もいる。今や地球市民としての新しい社会価値を着実に伝えつつも,大人も子どももともにかかわり合いながら生きる社会共生的発想の発達観の醸成が求められているのかもしれない。

読者のための推薦図書

- 『子どもはもういない』 ポストマン,N.(著)/小柴 一(訳) 1985 新樹社
- 『精神・自我・社会』 ミード,G. H.(著)/稲葉三千男・滝沢正樹 他(訳) 1973 青木書店
- 『自我論』 フロイト,S.(著)/井村恒郎(訳) 1970 日本教文社
- 『幼児期と社会』 エリクソン,E. H.(著)/仁科弥生(訳) 1977 みすず書房
- 『エリク・H・エリクソンの研究』 コールズ,R.(著)/鑪 幹八郎(監訳) 1980 ぺりかん社

2章
変わる家族とジェンダー観
（乳幼児期）

　われわれは家族の一員として生を受け，家族を中心とした世界を基盤として成長を遂げていく。家族の中で，さまざまな知識を身につけるとともに，しつけられ，将来の生活に備えて準備をする。そうした役割は，両親の中でも主として母親によって担われてきた。ところが，女性の職場進出，高齢社会の進展，少子化などが進行し，家族や家庭教育のあり様も変わってきた。1999年には「男女共同参画社会基本法」が制定され，「男らしさ」や「女らしさ」の観念も問い直しを迫られている。「女に生まれない，女になるのだ」というボーボワールの言葉を参考にすれば，ジェンダーにとらわれないで，個性をたいせつにした人間形成が，家庭教育や学校教育の場面において求められている。

1節　歴史の中の家族像

1．前近代家族から近代家族へ

　「国民性の研究　第12次全国調査」（統計数理研究所，2008）によると，「あなたにとって一番たいせつと思うものは何ですか。一つだけあげてください」との質問に，「家族」と答えた人の割合は46％に達し，2位の「生命・健康・自分」19％，3位の「愛情・健康・自分」17％などを大きく引き離し，突出して多かった。また，この調査から親の子どもに対するしつけの度合いをみると，昔と比べて親が子どものしつけをしていないと感じている人が半数以上いるなど，家庭における教育力が低下していると思われている。

　その家族のイメージとしてわれわれが素朴に描くのは，職業生活を中心にした父親と，家庭生活を中心にする母親，そして子どもから成り立っており，この家族成員は暖かい愛情によって結ばれている，といったものである。しかし，こうした家族像は昔から変わらない普遍的な姿なのであろうか。近年の一連の家族史研究は，こうした家族イメージが近代社会になって作られた歴史的産物

であることを明らかにしている。

　たとえば「母性愛」の観念について考えてみよう。バダンテール (Badinter, E.) は，普遍的だと思われる母と子の愛で結ばれた絆は，実は近代社会になって誕生したものだという（バダンテール，1991）。彼女によると，17，18世紀ごろまでフランスの親は，子どものために経済的犠牲をはらい，また，自分のエゴイズムを犠牲にすることは少なかった。子どもはしばしば精神的に見捨てられ，また，里子に出された。1780年のパリでのデータによると，1年間に生まれた2万1千人の子どものうち，母親の手で育てられたのは千人にすぎなかったという。

　こうした状況に劇的な変化が訪れたのは18世紀の後半である。人口統計学が誕生するとともに，国家にとって人口増加がとても大事なものになった。なぜなら，人間が富を生産し，国家の軍事力を保証するからである。そうすると，生まれた子どもは生育の途中で死んではならず，大人になるためにたいせつに育てられなければならないというイデオロギーが誕生し，しだいに普及していった。その結果，子どもと，子どもを育てる女性の地位が向上した。そして，母親の世話と愛情は，子どもの生存と幸福にとって，欠かすことのできない要素であるという考えが，少しずつ定着していった。「女」は姿を消し，「よい母親」がそれにとってかわることになった。同時に，育児書が社会に出回るようになり，母親は子どもにつきっきりになり，子どもの輝かしい将来こそが母親の夢となったのである。ショーター (Shorter, E.) は，親族や共同体に結びついていた伝統家族が，そうした絆から解放されることによって近代家族が誕生したこと，この近代家族をもたらしたのは男女関係におけるロマンチック・ラブ（恋愛と結婚の結合）の成立，母子関係における母性愛の出現，核家族の一体感を表わす家庭愛の誕生といった「感情の革命」であったという（ショーター，1987）。

　ここで重要なことは，われわれが現在いだいている家族，男や女，子どもなどのイメージは歴史的に生成されてきたものであるということである。われわれは同じ家族といっても，伝統家族（前近代家族）と近代家族を分けて考えなければならない。このような視点でみると，少子高齢化，グローバリズム，男女共同参画といった社会の変容の中で，まさに現代の家族（＝近代家族）も，

大きな歴史的転換点に位置していると考えることができる。

2. 母子健康手帳にみる母子へのまなざし

　母子健康手帳は，妊娠の届けを出すと市区町村から交付される。内容は妊産婦自身や医療・保健の担当者が記入する記録など全国統一の部分と，市区町村が作成する妊娠や子育てのための情報などが掲載された部分で構成されている。母親にとっては子育ての記録として，子どもにとっては成長の記録として，目にしたことのある人も少なくないはずだ。

　その母子健康手帳の始まりは，第二次世界大戦中の1942年に厚生省より「妊産婦手帳規定」が発令され，妊婦であることを登録した人に妊産婦手帳が交付されたことに始まる。「産めよ，増やせよ」というスローガンに代表されるように，国家総力戦となったこの戦争においては，いかに人口を増やしていくかが重要問題であったが，現実には，乳幼児の死亡率も妊婦の死亡率も非常に高かった。妊産婦手帳は，妊産婦の心得，妊産婦や新生児の健康チェック，分娩記録などが記入できるようになっており，妊婦に対する知識の普及を図ることによって，死亡率を下げることを試みたのである。そのためには，この手帳が広く普及することが重要で，妊産婦手帳を持っていると，食糧不足の時代にもかかわらず，米やミルクが配給される仕組みになっていた。

　妊産婦手帳は1947（昭和22）年をもって廃止され，1948年に母子手帳として装いも新たに登場した。妊産婦手帳は妊娠中から出産までの記録であったが，母子手帳は出産以降の，生まれてからの健康チェックや予防接種の記録が付け加えられた。そして，この母子手帳が施設（病院など）分娩の普及に大きな影響を与えたとされる。1961年からは3歳児全員に対する総合的な健康診査（いわゆる3歳児検診）が行なわれるようになった。1965年に母子保健法が成立し，翌年より「母子健康手帳」と名前を変え，今日にいたっている。

　2002年から母子健康手帳の内容は，10年ぶりに大きく改正された。その第1は，父親の育児参加をうながす内容がプラスされたことである。育児休業の取得を記録する欄に，母親だけでなく父親の記録欄を設けるなどして，父親が積極的に育児にかかわる必要性を強調している。第2に，育児相談の窓口の連絡先を盛り込めるようにしたほか，今まで以上に子育て中の親のストレスを理解

し，解消するための内容が充実するようになった。そのことによって，虐待などの早期発見につなげようとしている。第3に，手帳の中にある発育曲線が必要以上の不安を与えないように，正常値の範囲を94％の子どもの値が入る1つの帯で示すようになったことである。食料や栄養が不足した時代の健康管理中心から，育児の問題へと視点が大きくシフトしてきた歴史的プロセスを理解することができる。そして，子育てへの男性の参加，子育て支援，育児不安の解消がクローズアップされ，それが現代的な課題として認知されたのである。

2節　家庭教育と子育て支援—わが国における子育ての課題

1. 子どもの社会化と家族

　人間は家族の中に生まれ，家族を活動の舞台として成長を遂げる。子どもの成長とは，家族を中心とした生活から自己を拡大させていき，生活の舞台としての家族の比重が相対的に縮小するプロセスである。全面的に依存していた両親から少しずつ距離を置き，友だちとの交友関係を結び，幼稚園や保育所といった家庭以外の場所で過ごす時間が多くなる。小学生になれば自力で通学し，勉強ができるかできないかといった観点から評価を受ける。成長するとは，家族を中心とした両親の庇護のもとから離れ，自立していくプロセスでもある。

　こうして家族との関係は成長とともに薄れていくが，パーソナリティの形成において重要な役割を果たす。もちろん，人間は複雑な存在であり，また周囲の環境に対して主体的にはたらきかけていく存在でもあるので，「このように育てれば，このようになる」といった因果論で語ることはむずかしい。それに，われわれは親子関係の中のみにあるのではなく，きょうだい，仲間集団，学校，地域，メディアなどの多様で複雑な環境の中で同時的に育つので，親子関係だけを取り出して観察することは不可能である。

　1950年代の初めにアメリカの心理学者ボウルビー（Bowlby, J.）は，母親との緊密で愛情深い関係を経験しない幼児は，その後の人生で重大な人格障害をこうむると主張した（ボウルビー，1967）。この考え方は「母性剥奪の理論」として一般に知られることになった。しかし，その後の研究では母親との絆が

失われたとしても，それを補償する誰かが存在することが重要であり，親密な関係を長期的に継続できる相手を，少なくとも1人もつことがたいせつであるという方向に修正された。逆に，誰とも親密な関係を築くことができなかった場合にどうなるかが示唆される。社会問題化している児童虐待を例にとってみると，みずからを虐待ママ（母親）だという人たちのほとんどが，幼少のときに親から強く叱られた，十分に愛されなかった，虐待を受けたといった，過去の断片的な傷つき体験（トラウマ）を報告しているという（齋藤，1992）。

　たしかに家族は子どもの成育環境において絶対ではない。しかし，親から愛情を受け取れなかった子どもが，それ以外のところから愛情を受けて，健やかに成長する場合は限られてもいる。やはり，家族の中での体験がパーソナリティ形成に大きな影響を与えていることも事実なのである。家族は子どもの成長にとっての苗床ともいわれ，子どもに何らかの問題が生じているとき，家族病理と関連づけて考えると理解できる場合が少なくない。

2. 子育ての日本的特徴と母親

　女性の役割が「母であること」に一義的に集約されていく歴史については，バダンテールの著書ですでに紹介した。そのことが「母性」を女性の本能として絶対視し，母親という役割に閉じこめる規範として作用してきたといえよう。

　わが国の近代においては，良妻賢母の強調によって，母性尊重のイデオロギーがいっそう強く作用してきた。家庭の中で，嫁や妻としての地位は低かったかもしれないが，母親としては大きな影響力をもっていた。同時に，母親が社会的に満たせない成就要求を，子どもとの「同一視」によって代償的に満足させるという傾向も強い。育てた子どもの世間的評価がとりもなおさず自分の評価になってしまうのである。そして，子どもの成長こそが生きていることにはりを与え，子どもがよりよく生きることによって，母親が生きがいを味わう。その意味で，自分の人生の中で，わが子をはりあいとする度合いが大きい（山村，1971）。こうした母の強調は，育児の重要さに対する共通認識を高め，母親の育児責任や育児能力を強化することにつながったこともまちがいない。今日でこそ子どもの虐待の問題がクローズアップされているが，子どもをたいせ

つに，そして，ていねいに育てるという点で，わが国は世界に誇れる文化を継承してきたと思われる。

　反面で，「子育て」と「母親」があまりにも強く結びついたことの問題点も浮かび上がっている。第1に，女性の自己実現や社会参加を阻害してきた点である。3歳まで，あるいは就学前については，母親が育児に専念すべきであるという「三歳児神話」が母性と結びつくことによって，子どもを預けて働く母親に，罪悪感やうしろめたさをいだかせ，就労を断念させてきた。第2に，子どもと母親の自立を阻み，病理現象を引き起こす場合があることである。「母子癒着」とか「過干渉」という言葉で表現されているように，子どもの世話をするという形で，母親の子ども支配が問題となっている。母親が何でも先回りして子どもの世話をやくと，子どもは精神的な自立の機会を失い，いつまでも幼児性を持続させたままとなる。そうした中で，母親は子どもの役に立っているという充実感をいつまでももち続け，反対に子どもは拘束され，身動きのとれない状態となっていく。「育てる」というのは，子どもを一個の主体にしていくこと，つまり，世界を生きるのは他でもない自分自身なのだという感覚を子ども自身がはぐくむところに究極の意味がある（鯨岡，2002）。主体的に生きられない子どもの瞳から輝きが失われるのは，このためであろう。そして第3に，人間は「人の間」と表現するように，多様な人間関係の中でさまざまな知恵や知識を身につけ，成長していく。ところが，母－子の関係が突出することによって，多様な人間関係の中で子どもが育っていく機会を奪ってきた。とりわけ父親の子育て参加や，育児の社会的支援を遅らせてきたといえよう。

3. 育児の社会的支援

　かつては，子どもは母親1人で育てるものでなく，父親，きょうだい，祖父母などの家族に加えて，地域集団の役割も大きかった。家族の教育力を補う地域コミュニティが，核家族化，少子化，都市化などによって失われていくにつれて，子どもを育てることの責任が，親のみに集中していった。そして，性別役割分業は，子育てを母親のみの仕事としていったのである。　しかし，今日の育児・子育てのむずかしさは，母親だけががんばって解決するものではない。「お母さん，がんばりなさい」というメッセージが逆に，母親を精神的に追い

つめ，育児不安を招くことにもなりかねない。

　高度に産業化された社会では，分業化の進行，家族と労働場所の分離などによって，父親の働く姿は子どもの前から失われていく。ミッチャーリヒ（Mitscherlich, A.）は，今日の社会を「父親なき社会」と表現した（ミッチャーリヒ，1988）。とりわけ現代社会は能力主義が強化されており，個人の業績や生産性が高く評価される。そこで日常生活の中で仕事の比重は重くなるが，仕事に全力を尽くせば尽くすほど，父親にとって家庭は憩いの場となり，退行の場とならざるをえない。その姿をみて，子どもが「お父さんはりっぱだな」と思うことはむずかしい。父親の育児参加には，労働時間の短縮や「会社主義」の見直しなどの客観的な条件の整備と，男性自身の意識変革が不可欠である。定年退職後に「粗大ゴミ」「産業廃棄物」「濡れ落ち葉」などと言われている父親にとって，そこからの脱却の第一歩は，育児に積極的にかかわることである。そのため厚生労働省ではハンドブック「父親のワーク・ライフ・バランス～応援します！仕事と子育て両立パパ～」を作成するなどして，育児休業の取得などを呼びかけている。統計データによると，女性の育児休業取得率は90.6％に達するのに対して，男性のそれは1.2％という状況である（2008年度）。

　子どもの成長発達にとって，父親の役割は2つの観点から考えることができる。1つ目は，間接的影響である。急激に変化し，複雑化する社会の中で，子育てに不安をもつ母親は少なくない。その点でいえば，精神的にも物理的にも，最も頼りにしたい存在が父親である。父親が子育てに関心をもち，よき相談相手としてふるまうなら，母親の子育ても楽になるに違いない。2つ目は，直接的影響である。父親は子どもに対して，権威，規律，健全な判断を提供し，子どもが成長して社会の中で大人としての責任が果たせるようにしていく。この役割は父親だけに可能というわけではないが，厳しい社会の最前線で働いている父親だからこその部分もある。付け加えれば，子育ては親の責任のみに帰するものではなく，社会全体の問題でもある。その観点から，子育て支援に果たす経済的支援や保育サービスの重要性が強調されなければならない。

◆3節◆ ジェンダーと学校教育

1. ジェンダーの再生産

　人間の性は,「生物学的性（sex）」と「文化的につくられた性（gender）」に区分して考える必要がある。人間は生まれたときに男と女に区分され,その性にふさわしい文化を身につける。それが端的に表われるのが男女の役割の違いであり,「男は仕事,女は家庭」「男はたくましく,女はかわいく」といった規範である。つまり,ジェンダーを身につけることによって「男らしく」「女らしく」なるのである。ところが,家族の変化に応じて,人々のライフスタイルも多様化し,職業生活や家庭生活を含む多様なライフコースを各自が設計し,実践する時代が到来しつつある。1999年に成立した「男女共同参画社会基本法」は,その前文で「21世紀の我が国社会を決定する最重要課題と位置付け,社会のあらゆる分野において,男女共同参画社会の形成の促進に関する施策の推進を図っていくことが重要である」と述べている。男女共同参画社会とは,男女が互いにその人権を尊重しつつ責任を分かち合い,性別にかかわりなく,その個性と能力を十分に発揮することができる社会である。

　ところで,わが国の状況をみると,制度的平等はかなり達成されているが,結果としての不平等が著しい。たとえば,夫婦間の姓にしても,夫か妻のどちらかの姓に統一することが法的に求められているだけであり,その点では両性に対して平等な制度である。ところが,ほとんどのカップルが夫の姓に統一されている。職業生活などの「公的領域」では男性が圧倒的に優位な地位にあり,家庭を中心とした「私的領域」では,女性が中心となっている。これらの状況を,われわれはあたりまえのこととして受容しているが,それはジェンダーの意識が日常生活の中に深く根を下ろし,疑問をもつことなく内面化しているからである。そうした観点から,男女共同参画の形成にはコンシャスネス・レイジング（意識覚醒）が重視されている。制度的にはかなりの程度まで平等が達成されているが,その制度を運用していく意識の遅れがあり,それを是正していくことが求められている。このためには,教育の役割が重要である。ところが,そうした役割を期待されている学校が,かえってジェンダーの意識を植え

付けているのではないかと告発され，問い直されている。

2. 男女平等教育に向けて

以下の2つの事例は，大学生に学校体験を回想してもらったものである。

■中学の家庭科。1，2年までは男女いっしょに家庭科と技術をやっていたのに，3年になってから女の子は家庭科ばかり，男の子は技術ばかりになった。男の子でも，調理実習は楽しいとか，好きっていう子はかなりいるし，その逆で女の子も「ハンダゴテ好き」「もの作りが楽しい」という子がいたのに，個人の意志ではなく強制的に男女で，しかも，なぜ3年次だけ分けられたのか。

■どの学年も学級委員長が男女1人ずつ配置されていたが，仕事の内容がまったく違っていた。男子は授業開始の号令など，クラスをまとめるという重要な役割であった。しかし，逆に女子は毎日の学級日誌など，雑用のような仕事が多かったように思う。

中学校や高等学校になると，男女が分けられる場面が多くなり，生徒は異性を強く意識するようになるので，学生たちの回想場面は中学校や高等学校が圧倒的に多い。しかし，幼稚園や小学校で問題がないのかといわれればそんなことはない。たとえば，小学校を観察して宮崎は，教師が無意識のうちに生徒を固定的な性役割に当てはめ，また，男子と女子を分けて指導している実態を明らかにしている（宮崎，1991）。こうした区別は誕生後のベビー服の色から始まって，おもちゃ，絵本，アニメ，ことば，衣服，ヘアスタイルなど，あらゆるものに及んでいる。もちろん，男女で分けなければならない場面もある。風呂やトイレは男女で分けるのが，今日のわれわれの文化では一般的である。しかし，分ける必要のない場面においてまで男女を分けている。たとえばクラスの名簿である。これまで小学校，中学校，高等学校の名簿は男子が先，女子が後という配列が一般的であった。しかし，電話帳でも会社の職員録でも男女別になってはいない。健康診断や体育の授業は男女別々に行なわれることが多く，そのために男女別々の名簿が有効なのだと主張される場合もあるが，そうしたことは学校生活のほんの一部分である。問題なのは，分ける必要のないものまで男女を分け，自分は男であるか，女であるかを過度に意識させ，そして男の

役割，女の役割へと社会化していくことである。こうした問題意識から，男女混合名簿へと転換する学校が増加している。

　とはいえ，「分ける」「分けない」も性科学の発展によって「ゆらぎ」をみせている。たとえば医療の世界では，「性差医療」に注目が集まり，病院の中に「女性外来」が設置されるようになった。男性と女性では生殖器や乳房以外にも身体の構造や器官，機能に違いがある。個人差も大きいが，平均的にみると明らかに体格や体質，寿命の長さなど男性と女性とでは異なる。そのため，かかりやすい病気も男女で異なった傾向がみられる。また，骨や筋肉といった身体の構造はもちろん，ほとんどの臓器や組織，脳の中の生化学的なはたらき，ウイルスや細菌への感受性，薬の代謝などにおいても性差が確認されている。ところがこれまでの医療では，診断基準，治療法，薬の治検といった一連の医学・医療は男性を基準に考えられ，その基準に女性もあてはめられてきた。したがって，女性特有の性向を，医療の臨床に活かす必要があるというので「性差医療」が脚光を浴びているのである（堂本・天野，2009）。このことは，教育の世界とまったく無関係だろうか。脳の中の生化学的な反応が男女で異なれば，それに対応した教育方法も考えられるからである。それは，学校教育のある部分では，男女を分けて教育したほうが効率的という結論にいたるかもしれない。これまで，男は妊娠させ，女は妊娠し出産する以外に，本質的な性差はないということを前提に，換言すれば，ジェンダーの視点から男女平等教育を考えてきた。しかし性科学の発展は，われわれをセックスの次元へと引き戻そうとしているのかもしれない。

　最後に，学業成績に男女差はあるか，このことにふれておきたい。表2-1は，OECDによって実施された「生徒の学習到達度調査」（PISA2003：Programme for International Student Assessment 2003）の結果である。この調査では41の国と地域が参加し，日本は高校1年生約4,700人を対象に実施された。これをみると，「読解力」と「問題解決能力」においては女子が上回り，「数学的リテラシー」と「科学的リテラシー」では男子が上回っていることがわかる。日本のデータに注目すると，男女で有意差のあるのは「読解力」のみであり，女子が高くなっているが，それ以外の3つの領域では統計上の差がないことがわかる。にもかかわらず，高校2年生や3年生になると，女子に比べてずっと多

● 表2-1　OECD生徒の学習到達度調査（PISA）2003年結果 （橘木，2008）

(単位：点)

分野		読解力	数学的リテラシー	科学的リテラシー	問題解決能力
日本	男子	487	538	550	546
	女子	509	530	546	548
	男女の点差	+22（有意）	-8（非有意）	-4（非有意）	+2（非有意）
日本平均		498（14位）	534（6位）	548（2位）	547（4位）
OECD平均		494	500	500	500
OECD	男子	477	506	503	499
	女子	511	494	497	501
	男女の点差	+34（有意）	-12（有意）	-6（有意）	+2（非有意）

くの男子が理系コースを選択する。反対に文系コースを選択する女子の割合は，男子に比べて多い。しかし，表2-1が教えてくれるのは，この選択は，必ずしも数学や理科が「できる」「できない」によって決まっているのではなく，理系は男子向きのコース，文系は女子向きのコースという暗黙の規範（意識）が存在しており，その規範が生徒たちの進路選択を決定づけているというストーリーである。これがジェンダー規範である。そして，大学への進学にあたっては，高校でのコース選択を反映して，理系学部（とくに工学，理学，商船学部など）に進学する女子は少なくなってしまう。

どのような学問を身につけたかは，どのような職業を選択するかと結びついている。その結果，技術者などの職業に占める女性は限られたものになってしまう。近年の性科学の研究成果をふまえながらも，ジェンダーにとらわれない学校教育を展開していくことは，生徒一人ひとりの進路や職業の選択幅を拡大していくことにつながり，結果として「個性重視」の教育につながっていくのである。

読者のための推薦図書

● 『**母性という神話**』　バダンテール，E.（著）／鈴木　晶（訳）　1991　筑摩書房
● 『**リーディングス日本の社会と教育⑯ ジェンダーと教育**』　木村涼子（著）　2009　日本図書センター

3章
子どもが生きる世界
（児童期）

　ここで対象とする子どもとは，エリクソン（Erikson, E. H.）の発達段階論で幼児期（1〜6歳）と青年期（12〜24歳ごろ）の間に位置する児童期（6〜12歳）の子どもたちである。子どもの発達とは，一定の養育条件が整ったなら内的プログラムが発現するある程度普遍的な知的・身体的成熟であるとともに，個々人の差異が現われ，モノや価値・規範など社会的な影響も必然的にともなうものである。本章では，この時期の子どもたちの発達的特徴を把握するとともに，今日の日本社会が子どもの育ちにいかなる影響を与えているのかに焦点をあてる。さらにそうした状況をふまえて，大人たちは子どもたちに何ができるのかを考えていく。

1節　児童期における発達

　児童期の子どもについては，これまでさまざまに取り上げられ，語られてきた。近年では，いじめ，不登校，「学級崩壊」などの問題行動が注目され，ベテラン教師の中には「今までのやり方が通じない」などとその変化を指摘する者もいる。しかし考えてみれば，「子ども」という存在自体が近代社会の産物なのであり，社会的存在であって，固定的で固有な「子ども」のみを想定することに無理がある。子どもはある意味で，当該社会を最も純粋に体現した存在だともいえるだろう。本章では，今日の社会の中での子どもの育ちを考察していくのであるが，まず児童期の発達上の特徴を把握することから始めよう。

　この時期の子どもは，心身ともに著しい発達・成長を遂げる。身体的側面では，身長，体重，体型が大きく変化するとともに，運動機能はさらに精緻化される。知的側面においては，自己中心性が徐々に消えて，記憶能力や抽象能力が高まっていく。ピアジェ（Piaget, J.）が想定した4つの知的発達段階[1]のうち，児童期は前操作期（2〜7歳）から具体的操作期（7〜11歳）を経て形

式的操作期（11歳以後）にいたる3段階にまたがっていることからもわかるように，知的にも発達が著しい。

　さらに，社会的側面についても大きな変化がみられる。社会的動物である人間は，何らかの社会や集団に属し，かかわらなければ生きていくことはできず，その社会なり集団なりの生活様式を身につけていく。幼児期に親を中心とした家族という親密で情緒的な結びつきをもつ集団の中で第1次的社会化がなされたあと，児童期には学校や学級といったより大きな機能的集団にも所属し，あるいは仲間集団を形成するなどして，それらの集団の中で必要とされる役割や規範を身につけていくようになる。これが第2次的社会化[2]であり，ここで対象とする子どもたちはこのただ中にいる。心理－社会関係をもとに発達段階を捉えたエリクソン（Erikson, E. H.）は，この時期の発達課題を「勤勉性」の獲得，心理的危機を「劣等感」とした。つまり，学校・学級などの外部社会に適応し，他者とのうまい関係の結び方を学ぶことが重要な課題だとしたのである。

　子どもたちが新たに参加する学校や学級といった集団では，さまざまな個人的特性や社会的背景をもった同級生や上級生，下級生，さらには大人の教師たちともかかわり合うというように，交流の範囲が大きく広がっていく。愛情に基づいた庇護の場から少しずつ離れ，徐々に自立することが要求されるようになる。家族の中で特別な存在として扱われることは減り，集団の一員として規範を身につけ，何らかの役割や仕事を負うよう仕向けられる。学級では，教科学習や係活動が仕事として強制的に課される。とくに児童期後期においては，多くの他者とのかかわり合いの中で結びつきの強い同性の仲間集団を作り，いつもそのメンバーで活動するようになる。いわゆるギャング・エイジ（gang age）である。さらには，サリヴァン（Sullivan, H. S.）がいうところのチャムシップ[3]を築く時期となる。仲間に対して主張し，交渉する，喜びを分かち合うなど実にさまざまな社会的経験を蓄積していく時期であり，まさに試行錯誤の連続といってよい。

　山中（1978）が指摘するように，彼らは思春期に入る前の独自の発達過程にあり，後の発達にとってもたいせつな時期にいる。大人とは異なった知的・身体的感覚をもって行動し，独自の豊かな世界を作り上げている「子ども」と名

づけられた存在を「異文化」として捉えたのは本田（1982）であった。彼らは大人の世界にまだ引きずり込まれておらず，子どもという「異文化」「異世界」を十分に堪能する能力を備えた存在なのである。

「異文化」の住人ゆえに，昔から子どもの言動は不可思議なものとして捉えられてきたが，先にも指摘したように，今日，小学校の指導力のあるベテラン教師からも「子どもが変わった」「子どもがわからない」との声がよく聞かれるようになった。これまでの子ども観や社会化理論で子どもを捉えにくくなってきたのはなぜか。子どものもつ潜在的な知的・身体的能力はあまり変わらないなら，これまでの理論が前提としてきた安定的で，静的な閉じた社会や集団が大きく変化してきたことがその原因であると考えられる。

2節　今日の子どもを取り巻く社会環境

では，今日の子どもたちを取り巻く社会環境はいかなる変化を遂げ，どのような特徴をもつようになったのか。これについてもさまざまに論じられている。教育社会学者の新堀（1996, 2000；安東，2005など）は，日本の教育病理の特徴とそれを生む教育風土の深層，問題の今日性などを多面的に分析している（「見て見ぬふり」，プライバタイゼーション（privatization），ポピュリズム（populism）など）。同じく教育社会学者の門脇（1999）は家庭環境と家族機能，地域のコミュニティ機能，共同性をなくした学校生活，ヒトの排除が進む生活空間といった観点から子どもの生育環境の変化とその影響を考察した。児童学者の本田（1999）は子ども人口の変化，医療・栄養面に注目して，身体，メディア社会，娯楽雑誌，食品市場などを取り上げて，「変貌する子ども世界」を分析してみせた。社会変化の捉え方にはさまざまあるが，ここでは大きく子どもたちを取り巻く外的環境と内面（価値・意識）とに分けて見ていくこととする。

1．子どもを取り巻く外的環境の変化

第二次世界大戦後といわず，この四半世紀だけを見ても子どもを取り巻く外

的環境の変化は大きい。まず少子化である。一人の女性が生涯に産む子どもの数（合計特殊出生率）は約30年前の1980年には1.75であったが，1990年に1.54，2000年には1.36と下がり続け，2005年の1.26を底として，2008年には1.37となった。少子化はきょうだい数の減少はもとより，地域や学級における仲間関係や仲間集団の形成，学校の統廃合にも影響を与えている。また家庭においては子どもに対する過保護・過干渉，児童期における教育への投資を増大させることにもなる。とくに大都市圏で小学生の進学塾への通塾率は高く，2006年に小学校5年生を対象としたベネッセ調査（2007）では30.5％であった。近年，公立学校に対する学力低下不安もあって，高い大学合格実績を誇る中高一貫校や有名私立大学付属学校の受験希望者が増加している[4]。少子化が進む中で，学習塾など教育産業は低学年からの取り込みや，きめ細かなサービスの提供，通信教育などを展開して需要を掘り起こし，生き残りを図る。

次に，高度化した消費社会と情報化の進展も子どもの生活世界に大きな変化をもたらした。子どもをターゲットとしたさまざまなモノや情報が売り出されている。子ども向けの人形やキャラクターグッズはさらに趣向を凝らして種類を増し，小型コンピュータが組み込まれた高価なゲーム機・ソフトが，大人も巻き込んだ大きな市場を形成する。メディアに接する時間をみると，内閣府の調査（2006）では，1日3時間以上テレビやビデオを見る小学生（4～6年）男子が29.2％，女子が32.3％，1日2時間以上ゲーム・パソコン・携帯メールをする小学生男子は28.5％，女子では11.7％で，インターネットを利用する時間は着実に増加している[5]。首都圏の保護者を対象としたベネッセ調査（2008）によると，小学生の携帯所有率は，2002年と2007年の比較で，小学5年生が16.4％から33.7％に，小学6年生が22.9％から38.2％にと大幅に伸びた[6]。雑誌もまた情報・消費を促す大きな媒体である。小学校高学年から中学校の女子を対象にした『ニコラ』『ニコプチ』（以上，新潮社）『ピチレモン』（学習研究社）『ラブベリー』（徳間書店）といった少女向け雑誌が大手出版社から月に10万部以上発売される。読者モデルを積極的に採用して人気を集め，ネット上で活発に情報交換がされている。雑誌やそのネットサイトでは，子ども向けブランドが「秋コレクション」などとして紹介され，アクセサリ，ヘアメイク，肌の手入れなどの企画がされる。母子ともオシャレへの関心は高く，不況の中

3章　子どもが生きる世界（児童期）　27

でも家計における子どもへの支出は低下していない[7]。洋服や化粧などの有名メーカーがローティーン（low-teen）市場に参入し，少子化の中でも，子ども市場は拡大している。「6ポケット」などと称される豊かな資金源をもつ子どもは格好の市場であり，消費社会は，子どもおよびその取り巻きを対象とした商品を開発し，情報を流し，新たな記号を次々と作りだしている。

2. 子どもを取り巻く価値・意識の変化

　子どもを取り巻く環境で変化したのは，モノを中心とする外的環境ばかりではない。社会の価値や意識も少なからず変化している。富裕化・少子化の中，親の学歴は上昇し，子どもやその教育への関心が高まると，おのずと子どもへの過保護，過干渉が生じてくる。さらに，都市化と相まってコミュニティの崩壊が進む中で，家族は近隣からの孤立傾向を強め，公的な学校を除けば，私的な家庭のみが子どもの教育機能を担うようになっている。従来，子どもの教育においては，家族よりむしろムラ，地域集団が教育機能を果たすことが多かったのであるから，一家族としての確たる教育方針をもち難く，母親任せ，学校任せ，あるいは塾任せになりやすい。その結果，学校や塾でよい成績をとらせることが教育だと考えるようになった家族も多いようだ。

　事態に拍車をかけたのは価値規範の大きな変化である。価値の多様化が進む中で，かつての考え方は「古くさい」と断罪され，親たちは確たる方針をもちにくくなった。柴野（1989）はこうした変化の説明としてヴェルフェンシュタイン（Wölfenstein, M.）の考え方を援用し，「〜しなければならない」「〜してはいけない」といえる堅固で共通の価値規範である「善の道徳（goodness morality）」から，寛容と自己受容を最大限に認めようとする「楽しみの道徳（fun morality）」へ変化したとする。後者は個々人の多様な価値の実現を可能にする一方，「迷惑をかけなければ何をしてもよい」というように確たる方向性をもち得ず，価値規範の多様化，曖昧化，プライバタイゼーションをうながすことになる。よって，しつけ不在にみえるが[8]，親の「しつけ意識」は高まっているという現象も生じる（広田，1999）。

　そうなると，子どもに対する学習やしつけについての親の態度がさらに分化していく。たとえば，ある親は学校の勉強を重視して塾にも通わせ，ある親は

勉強に重きを置かず子どもの自由だと考えるというように，家庭の文化資本および経済資本が子どもへより直接的に影響を及ぼすようになる。中高一貫校が大学進学実績を高めている今日，中学校受験を小学生の子どもにさせるのか否かは，親の態度にかかっており，文化的，経済的階層の再生産が行なわれることとなる（苅谷，1995；橘木，2006など）。

だが，「楽しみの道徳」が価値規範の多様化のみをもたらすのかといえばそうではない。この道徳において多様化が進むのは，各人が確たる価値規範をもっているとの前提が必要となる。反対に個々人が確たる価値規範をもてない，もとうとしない状況においては，画一化に向かう危険性もはらんでいる。NHK放送文化研究所（2000）は，1998年に行なった「現代日本人の意識構造」調査の分析をとおして，発達したマスコミュニケーションの影響で人々の意識は画一化の方向へ動いているとの報告を行なった。さらに，2003年調査の分析では，意識の画一化がさらに進んでいるとの指摘をしている（NHK放送文化研究所，2004）。

3節　情報化・消費社会における子どもの育ち

子どもの育ちは，もって生まれた能力を成熟させるという普遍性をもつ一方，これまで見てきたような特徴をもつ現代社会の中で営まれている。本節では高度に情報化が進んだ消費社会（内田，1987）という観点から，子どもの育ちを考えてみよう。

消費社会というシステムでは，過剰な差異の記号が次から次へと人々を刺激し，新たな欲望が作りだされる。情報化，富裕化によって消費社会はいっそう高度化し，広範に浸透していった。先にみたように，子どもも消費市場における大きなターゲットとされ，重要な消費者に変えられ，ネットは子どもをすぐに取り込んだ[9]。その結果，大人と子どもの境界は曖昧となり，大人・子どもの区別はなく情報が子どもにも垂れ流され，大人の番組（情報），子どもの番組（情報）という区別は崩れ去ったかにみえる。確たる価値規範がもてない中，親も情報に踊らされ，「テレビで○○がいうから」「みながやっているようだか

ら」式の対応のしかたに陥ってしまったかのようだ。

　こうした親たちは子どもとの関係において，商品という媒体を介して子どもとつながっている，つながろうとしているとの指摘がある(10)。大人は自分の世界を護り，そして子どもに遠慮しつつ，互いに傷つけ，傷つかない距離を保とうとする自信のない大人の姿がそこにはみられないか。友だちあるいは姉妹のような親子関係を理想とする風潮もあるが，それはしつけをするうえで，大人が子どもにとって耳が痛いことも言わず，あるいは言えず，「仲良し」を装う薄い関係になる可能性をはらんでいる。

　また，「楽しみの道徳」の下で，子どもの「自由」尊重という名目で，大人が子どもへの口出しを控えるという態度は，消費社会を助長することにもなる。子どもが状況に合わせて「良い－悪い」「適する－適さない」といった行動の判断基準を教えられないまま，身につけないままであると，主体性なく情報に流されてしまうことになるからだ。次から次に迫ってくるきらびやかで強迫的な情報に，子どもたちは試行錯誤をするゆとりもなく流され，新たな記号を消費するというようになる危険性が潜む。

　消費社会は学校さえも市場化させた。少子化の中で学校が生き残るためには，限られた子どもというパイを奪い合うことになる。数を得るために付加価値の提供を競うのであるが，人々が求めた価値は，理想としての「生きる力」よりも現実としての「受験に勝つ」ことであり，受験合格を目的とする塾，私立中学校へと流れていった。大都市圏の小学校では，学級の半分以上が私立や国立の中学校に進学するということも少なくない。そこに独自入試や進学校化を掲げて公立中高一貫校が市場に参入し，学習塾と提携して補習を行なう公立中学も現われてきた。受験や学歴も消費と投資の対象となった。

　子どもが無防備に情報にさらされ，消費社会の対象とされる一方で，「現実」から用心深く護られている側面もある。山中（2002）は，生，老，病，苦さらには死といった最も根元的な現実から，子どもは目隠しをされているという。ボードリヤール（Baudrillard, J.）の消費社会論につながるものである（ボードリヤール，1982）。われわれが口にする肉や魚はどのようにして口にはいるのかはブラックボックスの中に入れられ，「イヤ」なものや「イヤ」なことは病院や下水処理場，屠畜場，ゴミ処理場などに隠蔽される。きらびやかさの記号，

イメージのみに人々は惹きつけられる，ある意味で歪んだ頭でっかちの社会なのである。社会における高度な機能分化と情報化の進展がそれを促進させる。

4節　子どもの生きる世界と大人の課題

　今後も継続し，さらに加速するであろうこうした消費社会において，われわれは子どもに何をすることができるのであろうか。さらなる機能分化と情報化が進展する不可逆的な社会状況の中で，この時期の子どもの特性を考慮しながら，現実的にわれわれ大人ができることは何かを考えてみよう。

1. 子どもの生きる世界

　亀山（1990）は，子どものうそについて興味深い議論を行なっている。子どものうその特性として防衛的機能と遊び的機能をあげ，前者の自己のあり方を「拡大的自己」，後者の場合を「溶解的自己」とした。「拡大的自己」は外からの脅威に対して自己防衛をする必要からうそをつくのであり，外との関係を遮断して自分を護ろうとするものである。よって消極的な自己防衛だともいえる。これに対して，「溶解的自己」は遊びとしてのうそだ。水溜りを海だとみなし，砂場を工事現場とみなして遊ぶなど，フィクションの世界（けっして本物と錯覚しているのではないが）を「真実味のあるもの（リアリティ）」として子どもたちは経験できるのである。現実とフィクションの壁を容易に乗り越え，フィクションの世界へ入り込むことができる特性を子どもはもつという。

　こうした特性は子どもたちの心のたくましさ，豊かさの源泉である。河合（1987）は「子どもの宇宙」という言葉を使ってそれを表現した。大人のように現実に縛られすぎることなく思いのままに想像力をはたらかせる，あるいは日々の生活の中で生じる彼らなりの苦悩，葛藤，試行錯誤に対して想像力をはたらかせることで，自分なりにそれらを乗り越えようとしているのだ。大人が忘れてしまった子どもなりの心の宇宙において，さらに河合は，上質のファンタジーはさまざまな心の葛藤を抱えた子どもたちの心を代弁し，それらの世界に入り込むことをとおして葛藤を昇華させ，成長の糧となるとも述べている。

いくつかの児童文学やファンタジーを取り上げてみよう。小説から映画化されて人気を博している『ハリー・ポッター』は11歳の少年が魔法の修行中にさまざまな試練を仲間とともに乗り越え成長していく話，映画『千と千尋の神隠し』は不思議な世界に迷い込んだ平凡な10歳の女の子千尋が生きる力を得るという話である。10歳前後の前思春期の子どもを主人公にした児童文学作品は多数ある。『風の又三郎』の三郎，『不思議の国のアリス』のアリス，『オズの魔法使い』のドロシー，『小公女』のセーラ，『秘密の花園』のメアリも10歳くらい，『ピーターパン』のウェンディも思春期直前の年齢設定である。彼・彼女らは異なった世界に入っていき，奇想天外なさまざまな困難に遭遇してもその力強さで乗り越えていく，あるいは豊かな発想や行動力をもって現実に挑戦していく。そして何より，物語の読み手である子どもたちはこれらの作品を愛し続けてきた。そうした世界にスッと入り込み，みずからが主人公と同化し，あるいは主人公とともにイマジネーションをはたらかせ，困難を乗り越えていく。大人とは比べものにならないくらいのリアリティをもって。
　10歳，11歳は思春期に入る直前の年齢である。彼らは知識と経験を蓄積し，それに基づいた想像力を身につけながらも，架空の物語と知りつつみずからその世界に入り込み，夢中になることができる。わけ知り顔で理屈や常識に支配され，世界を固定的に捉えて，そこから抜け出せない大人にはまだなっていない。
　それにもかかわらず，情報社会・消費社会の中で，子どもたちは情報の波にさらされ，消費のターゲットとされていることはすでにみてきた。子どもたちが試行錯誤し想像力をはたらかせる余裕をなくしていく現実に対して，われわれ大人は何をすることができるだろう。

2．大人の課題（責任）

　こうした子どもの現状をかんがみてさまざまな提言がなされている。「生きる力」の育成，やる気や自己肯定感を高め，感性や畏敬する心を育てるなどの教育内容から，教育制度改革，コミュニティの形成・活性化など多様である。それぞれすばらしいことであり，協力し合い真摯に取り組まなければならないが，まず個々の大人たちが実際にできることを考えてみたい。
　この時期の子どもに大人ができることは，子どもをせき立てて情報や知識を

多く与え，小さい大人を早く作ることではない。むしろ逆にあふれる情報や過度の刺激から子どもたちを護る，つまりは情報や刺激を整理・選別して与えることであり，同時にメディアリテラシー（菅谷，2000など）を身につけさせることである。それにより，子どもがそのもてる特性を十分に活かし堪能する環境を用意し見守る，いわゆる消極的教育である。具体的には，年少の子どもたちには「遊び」，前思春期の子どもには「秘密」の保障が重要であると山中（1978）が指摘するように，この年代でしかできない課題を堪能することだ。友だちや親友をつくって交流し，それまでに獲得してきた知識や経験，推理力や想像力をはたらかせて試行錯誤をくり返すことができる時空間の保障だ。もちろん今日，こうしたゆとりを十分に確保することは不可能だとしても，情報に流されずに短時間でも自分と向き合い，友だちと遊ぶゆとり，親と子どもの対話の確保は可能だと考える。

　これは子どもの自由を無視しているのではない。近年，自由に対する誤解もあり，子どもがあたかも個人の自由意志で的確な判断を下す能力があるかのように解釈する向きもある。だが，個々の自主性を生かす「総合的な学習の時間」だからといって，子どもが何をしてもいいということにはならない。子どもがテーマを選び，それにアプローチできる力をつけたうえで，さらに援助していく必要があることはいうまでもない。子どもに任せきりにして成果が上がることはまれであり，それでよいとするなら教師の責任放棄にほかならない。家庭教育においても同様である。人間のもつ自由を，子どもが自分で責任をもって行使できるように方向づけ，援助する責任が大人にはある。自由や個性といった「甘い言葉」に惑わされず，子どもの生きた声に耳を傾けながら，子どもに何が必要で何が必要でないかを見極め，決断し，必要なものは勇気をもって教え込むことがたいせつだ。与えすぎず，流されず，子どもを見守る勇気を大人はもてるのか。大人の判断し行動する勇気と責任が問われている。

(1) ピアジェ（Piaget, J.）は思考発達を，感覚運動期（0〜2歳），前操作期（2〜7歳），具体的操作期（7〜11歳），形式的操作期（11歳以降）の4段階に分けた。感覚運動期は生得的反射を基礎に外界に適応し，前操作期では言葉が外界へはたらきかける手段となりごっこ遊びもできるようになるが，保存概念は欠如しており，自己中心性が強い。具体的操作期では保存概念が確立し，具体的対象への論理操作が可能になる。形式的操作期になると抽象的な仮説，推理ができるなど，科学的な論理操作が可能となる。

(2) この後に成人期社会化がくる。幼年期までを第1次的社会化，児童期以降の社会化をまとめて第2次的社会化とする場合もある。
(3) これは精神科医であったサリヴァン（Sullivan, H. S.）が，1953年の著作 "The Interpersonal Theory of Psychiatry"（サリヴァン，1990）において述べたもので，前青年期における同性，同年代の友だちとの親密な関係を指す概念である。この意義について述べた論文として，須藤（2008）などがある。
(4) ベネッセ教育研究開発センター（2007）の2006年調査では，小学校5年生で中学受験を希望する比率は全体で23.5％であった。1990年，1996年，2001年の15.7％，17.7％，17.9％と比較して大きく伸びている。2006年の大都市に限定すると37.7％で，3人に1人以上となる。大都市の場合，36.7％が「まだ決めていない」と答えているので，受験希望者はさらに高くなると予想される。
(5) ベネッセ調査（2007）で，「家でパソコンを使う」割合（よくある＋時々ある）は，1996年30.3％，2001年54.9％，2006年69.8％と増加している。
(6) ベネッセ（2007）の全国調査では，小学5年生で「自分専用の携帯電話を持っている」との答えは全体で20.8％，男女別では男子16.6％，女子25.3％と女子が多く，地域別では大都市部が34.6％と他地域の2倍以上であった。本文中の数字は首都圏のみのもので，高くなっている。
(7) たとえば，フコク生命「マンスリーエコノミックレポート」2009年6月号は，「底堅さを保つ子ども向け消費」と題し総務省の家計調査を分析している。子どもへの消費支出は2005年までの右肩上がりからは鈍化したものの，2008年度にも前年比で上昇して6.96％にまで伸び，今後さらに高まる余地があるとしている。
(8) 少し古くなるが，2000年に出された，文部省・子どもの体験活動研究会「子どもの体験活動等に関する国際比較調査」の結果では，日本の子どもは他国に比べ生活規律やルールについて親から「言われない」とする比率が高い。
(9) 子どもの世界に入り込んだネット，とりわけ「ケータイ」は，子どもの世界にさまざまな影響を与えている。利点もさることながら，ネットいじめなどの問題点については，藤川（2008），下田（2008）などを参照。
(10) 朝日新聞は2002年1月5日から15日まで，大人と子どもの関係を探るシリーズ「鏡の中の『子ども』」（①〜⑧）を組んだ。とくに③④2002年1月7日，8日。

読者のための推薦図書

- 『少年期の心』 山中康裕（著） 1978　中央公論新社
- 『異文化としての子ども』 本田和子（著） 1982　紀伊国屋書店
- 『子どもの宇宙』 河合隼雄（著） 1987　岩波書店
- 『子どもとファンタジー』 守谷慶子（著） 1994　新曜社
- 『子どもが育つ条件』 柏木惠子（著） 2008　岩波書店

4章
若者の生きる世界
（思春期・青年期）

　あいつはほとんどしゃべんねえし…。気の利いたギャグもいえねえ。テレビのネタをふってものってこない。みんなとわざわざつるんだりしねえし…。服の流行にも無とんちゃくっつーか…。
　…でも，あいつらしいのは，それで平気なとこ。

（井上雄彦　2001　リアル　集英社　第1巻　p.86 より）

　本章では，若者犯罪や若者の変容で言及される心の問題をアイデンティティの問題に焦点化し，若者の生活世界の変貌とのかかわりを考察する。価値の多様化や電子メディアによるコミュニケーション空間の拡大などの社会変化は，若者のアイデンティティの確立に大きな影響を与えている。まず旧来型のアイデンティティ確立が困難になっている現状を明らかにする。そして思春期・青年期のアイデンティティ・クライシスをアイデンティティ管理とコミュニケーション・ネットワークの分断化によりくぐり抜ける若者のあり方を考察し，最後に学校とのかかわりで生じる問題について言及していく。

1節　若者の変容と思春期・青年期の問題

　「秋葉原無差別（通り魔）事件」（2008年），古くは「西鉄バスジャック事件」（2000年）に代表されるように，インターネットで事前に予告して注目を集めて実行する犯罪（ネットによる劇場型犯罪）は，わが国の新たな影を示している。未遂あるいは愉快犯型の犯行で実行までにはいたらなかったものも含めれば，学校や子どもへの危害を予告するものは枚挙にいとまがないことに加え，少年や若者たちが実際に検挙・補導されている。これらの犯罪は若者の心の問題としてメディアでしばしば取り上げられる[1]。とりわけ，劇場型犯罪では，学校や職場におけるルサンチマン（怨念）によって創出された心の問題，と考えられることは少なくない。

一方で，このような犯罪のみならず，若者の変容についても，メディア上，特異性・奇抜さが強調されて報道される。たとえば，「ヲタ芸」の練習に熱を入れ，メイドカフェに通っている「オタク」「アキバ系」とよばれる若者たち。「ギャル語」をあやつる，派手な格好をした少女たち。彼ら彼女らに関する報道では，共通の趣味や好みを媒介とするコミュニケーションや同世代内に限定されたコミュニケーションのあり方が問題として取り上げられる。「今の若者は」という決まり文句は，若者・青年の変容を問題視するメディアの言説において，常にリバイバルされ続ける常套句ではあるものの，とくに近年では，「3間の変容」とよばれるように，子どもや若者たちの過ごす「時間」「空間」「仲間」の激しい変化の中，常に新しい価値が生まれる多様化社会となっていることは確かであろう。

　ではいったい思春期や青年期とは，いかなる時期で，どのような発達が求められているのであろうか。その視点から，現在の若者の生きる世界について考察してみたい。

2節　思春期・青年期とアイデンティティのゆらぎ

　青年期はもともと13，14歳前後から22，23歳前後をさし，アイデンティティ確立のための重要な時期とされてきた。アイデンティティの確立は青年期のみの問題ではないが，児童期から成人期の間，すなわち子どもでも大人でもないという境界で心的に危機的状況を抱えやすい青年期は，重要なアイデンティティの形成過程と考えられてきた（エリクソン，1973）。理想的には，若者たちは乳幼児期から青年期までの自分史をベースとし，社会に出るまでのモラトリアム期を利用し，さまざまな挑戦，役割実験や試行錯誤をくり返し，人間関係や社会的環境とかかわりながら，アイデンティティを再構成し確立していくことが求められている。

　しかしながら無藤（1999）は，「自分自身のあり方・生き方について悩んでさまざまな試行（役割実験）をしながらいくつかの選択肢を検討して自分自身の判断をしていくといった，いわば，自立的独立的な自己確立の経過は優勢で

はなくなってきている」と現在の若者たちの思春期や青年期の発達が従来の発達課題理論で考察できない可能性を指摘している。

　この自立的独立的な自己確立の衰退は，第1に青年期の延長にかかわっている。青年期の延長は先進国に共通する現象であるが，わが国においてもすでに1970年代に笠原（1977）は，13歳前後から30歳前後までを青年期として捉え直す必要を示している。現在の青年期の区分について，たとえば馬場と永井（1997）は，思春期前期（中学生），思春期後期（高校生），青年期前期（大学生），青年期後期（大学以降30歳前後まで）とまとめている。また福島（1974）はこの青年期の延長がアイデンティティ確立に与える負の影響を指摘している。すなわち先延ばしされる将来の自己とその不透明性は，アイデンティティの確立を不安定にさせてきたのである。

　また第2にアイデンティティのあり方の変容もかかわってきている。社会学では現在アイデンティティは，絶対的で唯一に確立されるものという捉え方ではなく，石川（1992）の指摘するように「わたし」とはアイデンティティの集合，アイデンティティの束という捉え方になってきている。たとえば，家庭では子どもであり，学校では生徒であり，恋人の前では女あるいは男であり，海外では日本人であったりする。このようにわれわれはさまざまな社会的文脈において，さまざまなアイデンティティを有し，日々それを管理しながら生活をしている。こういったアイデンティティ管理のあり方を香山（1999）は，「明るい同一性拡散シンドローム」とよび，アイデンティティをオンリー・ワンに絞り込まずに，マルチ人間としてさまざまな生活を享受するライフスタイルを身につけた人々の存在を指摘し，アイデンティティ不安を減少させる方法の出現を示している。

3節　アイデンティティ確立の受難な時代に生きる若者たち

　本節では社会学のサブカルチャー（若者文化）研究を参考に，戦後の若者の生活世界の変容とアイデンティティのあり方との関係についておさえておきたい。

1. 多様化する生活世界と消費社会の到来

　戦後の若者文化は，1970年代後半を境に大きく変容したと考えられている（川崎，1996）。千石（1991）はこの時期に出現した若者たちの現在志向で楽しみ追求的な（ノリ的な）行動形態をコンサマトリー化とよび，将来のための道具手段的な価値観や行動形態からの離脱が，産業社会からポストモダンの消費社会への移行により生じていることを論じている。ではなぜ，このような変容がこの時期に起こってきたのであろうか。

　戦後から1960年代までの高度経済成長期は，戦前から続く「欧米に追いつけ，追いこせ」という社会全体の目的意識と立身出世に代表される個人の上昇欲求が合致した時期である。この時期には，個人の目標の追求がそのまま社会の目標を体現する活動へかかわっているため，個人の出世や経済的富裕さを目標にした個人的な自己実現も，欧米並の経済的豊かさを追求する社会的文脈に支えられていた。その一方で当時の若者文化はメインカルチャーへのカウンターカルチャーとして発達した。そこに若者のアイデンティティ確立を容易にする二重の社会的文脈が存在していた。

　たとえば当時の漫画『巨人の星』はけっして「巨人オタク」でも「汗くさい」ものでもなかった。それは，「父との対決」という権威への反抗や「今を懸命に燃え尽きる」という現在志向性がカウンターカルチャーの社会的文脈に支えられ，「上昇」を志向する物語がメインカルチャーの社会的文脈に支えられているためであった。

　しかしながら，「物質的な豊かさ」という目的の達成のあと，社会的な目標が，個人の豊かさの享受へ向かう。たとえば1970年代の「モーレツからビューティフルへ」という変化は，産業社会を支えてきた勤勉や努力などの価値観を相対化していく。その過程において社会全体を支える価値や行動形態は，個人レベルでの消費や目標達成の多様性との間にズレを生み，急速に弱体化されていく。そこで社会全体で共有できた（あるいは共有していると幻想を抱けた）「大きな物語」が消失し，個人化された「小さな物語」が乱立するようになる。そして1970年代後半より「物語」がモノごとに人ごとに細分化されて消費される時代＝高度消費社会が到来した（宮台，1994）。この消費社会の到来が若者の生活世界やアイデンティティのあり方に影響を与えている。

広範囲で多様な価値観や行動形態の存在する生活世界においては，若者をとりまく社会的文脈も多元的になっている。そのため，あらゆる場面に適応するには，唯一のアイデンティティを確立するよりも，場面に応じた多様なアイデンティティの管理が必要となる。そのため，「明るい同一性拡散」というゆるやかなアイデンティティの状態を保ちつつ，重度のアイデンティティの拡散という危機的状態から逃れるようになっている。この意味では，思春期や青年期には心的な葛藤や挫折からアイデンティティを確立するのみならず，アイデンティティをゆるやかに管理することでその危機的状況へ対応することが若者にとって重要になってきたと考えられる。

2. 小さな世界へ閉じこもる若者たち

しかしながら拡散状態にあるアイデンティティを管理することはすべての人間にとって容易なわけではない。そのため自己を取り巻く人間関係のネットワークによりアイデンティティを管理する，換言すると自己の生活世界を縮小することによりアイデンティティの危機的状況から脱出する方法がもう1つのアイデンティティ管理の方法となる。

たとえば宮台（1994）は「島宇宙化」という言葉を使用し，岩見（1993）は「分節化」という言葉を使用し，若者の集団（あるいはコミュニケーション・ネットワーク）間で生活世界が分断されている現象を示している。わかりやすく説明すると，若者集団，それぞれの集団間のネットワークが分断され，あたかもオタク集団のようになっているということである。

そもそもオタクは，1989年の幼女連続殺人事件を契機に「閉ざされたコミュニケーションスタイル」で「特定の文化を中心とする閉鎖的な共同空間」を中心に過ごす若者たちを示す用語として批判的にあるいは差別的に用いられてきた。とりわけ「オタク」が問題となったのは，「アニメが好きである」とか，「アイドルが好きである」といった趣味として選択される文化内容の問題ではなく，閉鎖的で集団内限定的なコミュニケーションのあり方の問題であった。

ところがこのオタクへの批判とは裏腹に，サブカルチャーの細分化や多様化によって，若者集団のオタク化は進行している。たとえば大学内には遊び系サークルが乱立しているが，同じテニスサークルであっても，サークル間のネッ

トワークが非常に弱く，それぞれのサークルがサークル内限定的なコミュニケーションを有している。大学全体で盛り上がるのではなく，個々のサークルの「ウチワ」で盛り上がる。

　思春期・青年期は，自己発見と自己喪失の脅威とが密接に関連している段階であり，アイデンティティの広範囲にわたる可能性に直面するとアイデンティティの確立がより必要となるが，より不確実となる（エリクソン，1973）。その状況下では，自己に対する内的確信を確実なものとするために，自己をとりまく周囲の人間関係がより重要となる。そこで若者たちにはアイデンティティを拡散する多様性を排除し，自己受容的で閉鎖的な生活世界へ身を投じ，ゆるやかなコミュニケーション・ネットワーク（自分を極度に傷つけない関係やアイデンティティ不安を増大させない関係）を構築する必要が生じているのである。

　もちろん，核家族化や地域共同体の崩壊，すなわち社会全体のネットワークの分断化も，この状況に拍車をかけている。大家族や地域共同体での生活経験の欠如は，コミュニケーションスキルの育成の場やさまざまな役割実験のモデル，あるいは経験（将来のモデルや地域における自己役割の確立等）を減少させている。また大家族や地域での生活経験では，個人的な欲求が充足される状況とともにまったく充足されない状況も多々生じてくる。その中で充足されない欲求を抱える自己を受容し，自己実現する方法を身につけていく。この意味では他者役割にふれる機会や充足されない自己を受容する経験の少なさが，アイデンティティ確立のための脆弱な背景となっている。そのため，「等身大の自己」を形成することがむずかしく，若者たちは「誇大自己」を捨てきれずに成長する（香山，1999）。そこでアイデンティティ拡散の不安度を高めないために，自己を傷つける存在（あるいは可能性のある存在）からネットワークを遮断するのである。1990年代後半より社会問題化された「引きこもり」も，このような流れの中で生じていると考えられる。「ヤマアラシのジレンマ」という言葉に示されるように，現在の社会では人とかかわりたいけれどかかわると自尊心を傷つけ合い，アイデンティティ不安が増大する危険性は高い。すなわち，「引きこもり」はパーソナリティや心的要因で生じる個人的問題の側面のみならず，アイデンティティ拡散の不安を増大させうる社会的文脈の不確実

さが背景となっている側面も看過できない。

　もともとアイデンティティ確立には, 他者とのコミュニケーション（能力や経験）や自己を取り巻く社会的文脈（意味ある他者や行為の社会的意味など）が重要な役割を果たす。しかしながら個人を取り巻く社会的文脈の多様性と可変性により, 唯一の「私」を見いだすことがむずかしく, コミュニケーション能力を高めて場面に応じたアイデンティティ管理を行なうか, 小さな世界に閉じこもることでアイデンティティ不安の危険度を下げるか, 確信のもてない「私」探しを永遠に続けていくか, 若者たちのアイデンティティ確立は, 受難な時代になってきたといえるだろう。

4節　小さな世界と拡大された世界の狭間で

　一方で, さきに述べてきた生活世界の縮小とは一見矛盾する現象であるが, 若者たちの生活世界は電子メディアの発達とともに拡大されてもいる[2]。それにより若者たちは空間的にも量的にも拡大されたコミュニケーション・ネットワークを構築できる可能性を有している。

　すでに新聞, ラジオやテレビなどの報道メディアや電話などのコミュニケーション・ツールの発達から, 各地のあらゆる情報が入手できるようになり, われわれのコミュニケーション空間は身体の所属する集団や地域を超えて広がってきた。さらに近年ではインターネットや携帯電話が多くの若者たちに急速に普及し, 情報を世界各国からも即時的に入手できるようになり, メールやチャットなどを通じて即時的双方向コミュニケーションが可能となった。

　時おり, ゲームやインターネットなど, 電子メディア空間の拡大はしばしばバーチャルリアリティとして問題化され, 批判的に言及される。しかしながら「あるメディア空間がバーチャルかどうか」は社会において決定されるのではない。たとえばアフガニスタンの空爆の報道に戦争の悲惨さや痛々しさを感じる者もいれば, 戦争映画のワンシーンのように非現実的なできごとと認識する者もいるように, 電子メディア空間のリアリティが仮想か現実かは電子メディアにふれる個人によって決定されるのである。

電子メディア空間がバーチャルであるには，その空間へ参入する人々がリアリティを感じる生活世界を，電子メディア空間以外の日常の物理的生活空間に有している必要がある。そのためネットという日常の物理的生活空間を超えた空間が，他者からバーチャルな世界に見えても，その世界を生活空間としている当人にはその空間がまぎれもない現実の生活空間となり得るのである。

　中野（1997）が指摘したように電子メディア革命の拡大と深化は，物理的生活空間によるコミュニケーション空間の規制力や規定力の低下を引き起こし，われわれが日常生活を営んでいる物理的生活空間とコミュニケーション空間にズレを生じさせている。

　たとえば，ネットのチャットや掲示板などでは，けっして直接的対面型の交流を行なえない地域に住む人々のコミュニケーションが生まれた。また，「出会い系サイト」では，日常の物理的生活空間では出会う可能性のなかった者どうしが交際をしたりしている。さらに西鉄バスジャック事件（2000年）を起こした少年はネットの掲示板におけるコミュニケーションで反社会的なアイデンティティを確立し，さらには実際に犯行予告をしたあとで，バスジャックという現実を生み出している。メディアの発達により，物理的生活空間におけるコミュニケーションの規制力や規定力の低下にとどまらず，電子メディアにおける新たなコミュニケーション空間が物理的生活空間を規定しはじめている。こういった状況は，さらなる若者の生活世界の変容を生みだし，アイデンティティのあり方にも影響を与えていくであろう。

5節　おわりに──学校とのかかわりにおいて

　以上本章では，若者たちの「心の問題」をアイデンティティの問題に焦点化し，若者たちの生活世界の変貌とのかかわりをみてきたが，若者の変容（あるいは思春期や青年期と発達の変容）は，社会全体の変化と密接にかかわっている。

　ある意味では，パラサイトシングルや「おひとり様」などの言葉は青年期の延長を積極的に楽しむライフスタイルを示している。またコンサマトリー化や

明るい同一性拡散シンドロームは可変性の高い社会への適応形態であるし，オタクや引きこもりは極度のアイデンティティ拡散への自己防衛でもある。この現象には旧来型のアイデンティティ確立の受難な時代に，「私」をゆるやかにあるいはなんとか確立している若者のたくましく，せつない姿が透けて見えるのである。

最後に，こういった問題と学校のかかわりについてふれておきたい。とりわけ，思春期や青年期の時間の多くを，中学生，高校生，大学生として送っている。そのため，若者たちの心的発達と学校制度は深くかかわりをもつ。

多くの若者たちは，問題なく（表面的かもしれないが）学校生活を楽しみながら通過している。平成21年度全国学力・学習状況調査（国立教育政策研究所教育課程研究センター研究開発部学力調査課，2009）の結果においても，「学校で好きな授業がある」に「そう思う」と答える生徒が52.8％おり，「どちらかといえば，そう思う」と答える生徒を含めると80％弱の生徒がいる。また「学校で友達と会うことは楽しいと思いますか」という質問には90％を超える生徒が「思う」と回答している。この実態はむしろ，「学校や若者が問題だ」というよりも，「この社会状況の中で学校や若者はよくがんばっている」と解釈できる。

しかしながらアイデンティティ拡散による自己不安が増大する危機に面した場合，学校は大きな問題をはらむ。冒頭の「彼（あいつ）」は，物語の中でバスケ部から排除され，「平気」でも「あいつらしく」いることも困難となる。

すなわちアイデンティティ拡散の可能性の高さは拡散したまま積極的に長すぎるモラトリアム期を楽しむという適応のスタイルを創出した一方で，集団への所属が強制される学校においては自己不安を増大させ，同調圧力や小集団化を生み，それがいじめや不登校といった現象を生みだす一因にもなっているといえるだろう。

また大阪教育大学附属池田小学校事件の容疑者は犯行の一因に「貧乏のために行けなかった」とエリート校への恨みを供述している。しかしながら，当時の学校関係者からの事情聴取では「実際は学力不足で，教師からあきらめるように諭されていた」ことが明らかになっている[3]。思春期・青年期には「誇大自己」を「等身大の自己」へアイデンティティを再構成しなければならないが，

再構成を可能にする生活世界を有していない若者は，極度のアイデンティティ不安を抱え，時として学校へのルサンチマンを抱え込んでいく。

　すなわち若者問題の発生やその要因が学校に存在するのは，学校が問題を抱えやすい思春期・青年期の若者の生活世界を内包するために生じていると考えられる。若者の生活世界とのズレをはらみやすい現在の学校制度（システム）のままでは，より深刻な問題が生じる可能性もあり，その詳細な分析と学校のあり方の再考が早急に求められているといえるだろう。

(1) 本章では，思春期の少年少女や青年期の青年を若者と表記する。若者のサブカルチャー研究には思春期の少年少女も内包されていることも考慮し，章のタイトルに合わせて統一した。
(2) 一見矛盾するというのは，さきの小さな世界が空間的にあるいは量的に小さいということを意味しているのではなく，生活世界が自分に都合のよい空間のみに限定されていくという状況を説明している。自己と異なる価値観を有する人々（とくに自分の価値観から理解できない人々）とのコミュニケーションの可能性を縮小しているという意味で使用した用語である。
(3) 読売新聞　2001年6月13日　夕刊

読者のための推薦図書

- 『アイデンティティ・ゲーム』石川　准（著）1992　新評論
- 『若者たちの変貌』小谷　敏（著）1998　世界思想社
- 『制服少女たちの選択』宮台真司（著）1994　講談社

第Ⅱ部

社会の中の学校・学校社会

5章
学校教育の量的拡大とその進展

　近代社会への幕を開いた明治政府は，1871（明治4）年に文部省を創設。翌年，わが国の最初の学校教育制度となった「学制」を公布した。これ以降，わが国の社会の中で学校は大きな位置を占めるようになり，今日の社会の発展にとってだけでなく，学校（教育）は個々人の生活全般にわたり，また生涯をとおして重要な意味をもつようになっている。本章では，学校教育の制度面に焦点をあてながら，社会の変化の中で学校教育は今日までどのように進展してきたのか，その進展の跡をたどることにする。21世紀に入り，変化の激しさが増す社会の中にあって，学校教育はますます多方面から重要な役割を担うことを期待され，同時にさまざまな改革を進行させている。

1節　学校教育の量的拡大──「学制」から終戦まで

　地方分権的な色彩が濃かった江戸時代から，中央集権的な政治体制への変革をめざした明治政府は，1872年8月に近代学校をスタートさせた。最初の教育制度は「学制」とよばれている。唐澤（1968）によると，「その骨子をフランスの制度からとり，その教育学上の主義，教授方法，教材教具などは，アメリカからとった。すなわちフランスの画一主義的な学制の形式と，アメリカの実利主義という内容」からなる。なお，その内容は109章，学区関係，学校関係，学費関係に大別される。たとえば，学区では，日本全体を8大学区（翌年改正し7大学区），その各学区に32中学区を置き（中学区の数は256），さらに，その各中学区に210の小学区（53,760）を構想している。ただし，当時の社会状況（財政等の諸条件）に照らすと，早期に実現化できる制度ではなかった。たしかに，「学制」は，財政等の諸条件の制約により実現化はかなわなかったが，導入した学区等の考え方は完全に捨て去られたわけではなく，21世紀に入っても続く，たとえば，大学間格差等などに現われた大学の社会的評価の差

異などは，とうてい「学制」と無関係とはいえない。わが国の学校制度を形づくった基本的な考え方になっている。

なお，江戸時代にも，幕府の学校として昌平坂学問所，全国の各藩には200校を超える藩校，たとえば，米沢の興譲館，水戸の弘道館，名古屋の明倫堂，福岡の修猷館（しゅうゆうかん），鹿児島の造士館などが設けられていた。また，庶民の教育機関として幕末までの全国で2万校以上設けられていた寺子屋，岡山藩主が設けた閑谷学校がよく知られているが，寺子屋よりも程度の高い内容を教えた郷学（こうがく）（郷校），さらに，鳴滝塾（シーボルト），適塾（緒方洪庵），松下村塾（吉田松陰）などの私塾など，各種の教育機関が普及していた。こうした教育機関の普及もあり，幕末期のわが国の識字率の高さはその後の近代国家としての発展の基礎になったといわれている。

しかし，体系化され制度化された公教育の成立は「学制」発布以降の明治時代になってからである。「学制」発布の際の太政官布告である学事奨励に関する「被仰出書」（おおせいだされしょ）には，当時の学校教育の発展への期待がいかに大きいものかが示されている。すなわち，「人々自ら其身を立て其産を治め其業を昌にして以て其生を遂るゆゑんのものは他なし身を修め智を開き才芸を長ずるによるなり而て其身を修め智を開き才芸を長ずるは学にあらざれば能はず是れ学校の設あるゆゑん」という政府が学校を設立する理由を示す文言で始まっている。そして，これからの社会では「学問は身を立る財本ともいふべきもの」といっている。江戸時代の封建的な身分に変わって，学問，つまり学校で学ぶことが重要であることを国民に向けて布告している。とくに就学することの功利的な側面およびすべての人が学ぶことの重要性を強調し，国民に向けて就学の必要性を理解させようとした。天野（1983）は，この布告を近代公教育のめざす「平等」と「業績」という2つの原理を宣言したものであると指摘している。つまり，すべての者に学校教育の門戸を開き，学校での学びを評価の基準とする社会への変革である。その後，学校制度はしだいに整備されていく。

1879年「学制」を廃し「教育令」を公布。1885年12月に森有礼が内閣制の発足にともない初代文部大臣就任。森は，「仰出書」の中で主張された立身昌業のための学問（教育）とは違って，国家のための教育，国の発展・繁栄のための教育を重要視した。この教育方針がその後引き継がれていく。翌年の

1886年に文部省は，学校制度全般に関する改革に着手し，4つの学校令（小学校令・中学校令・師範学校令・帝国大学令）を公布し，小学校・中学校・師範学校は，それぞれ尋常および高等の2段階に分けて組織した。そして，義務教育として，尋常小学校までの就学を定めている。これは，わが国の学校制度の基礎になった。なお，1889年の明治憲法では，教育の規定は条文中に定められず，勅令をもって定められ，勅令主義とよばれ，教育行政の基本的な性格を示すとされる。

1890年3月に教育勅語が発布された。『学制百年史』（文部省，1972）によると，教育勅語は「国民道徳及び国民教育の基本とされ，国家の精神的支柱として重大な役割を果たすことになった」と述べられている。1891年に「小学校祝日大祭日儀式規定」が制定され，紀元節・天長節などの祝日・大祭日には儀式を行ない，神聖な勅諭として「教育勅語」を厳粛な雰囲気のもとで奉読し，また勅語に基づいて訓示を行なうこととなった。小学校から始まったこのような国家主義的な教育はその後わが国の学校教育全体に大きな影響を与えていった。

次に，学校種別をおもに7つに区分し，その進展をみてみよう。なお，1921（大正10）年時点の学校系統図を示したのが図5-1である。

第1に，小学校は，設立当初尋常小学校とよばれ，1886年に「小学校令」で義務教育の尋常小学校4年，高等小学校4年の2段階に区分された。1900年に「小学校令」改正で尋常小学校の修業年限を4年とし，それまで認められていた3年のものを廃止し4年制に統一された。2年制の高等小学校をなるべく尋常小学校に併設することを奨励し，将来の義務教育年限の延長に備え，また，尋常小学校と高等小学校の教科課程の関連を図った。「学齢」は初めて「満6歳に達したる翌月より満14歳に至る8箇年」と明確化された。義務教育授業料の徴収が廃止され，1903年には小学校国定教科書制度が成立した。

1907年小学校令を改正し，義務教育年限（尋常小学校）を6年に延長，高等小学校は2～3年となった。年限延長の背景には，義務就学率の上昇および高等小学校の普及があった。高等小学校の教育内容は，より実際的で社会の実務に従事するのに役立つものへと改善されていき，1935年ごろには，高等小学校は義務制ではなかったが，実質的に義務就学に近い水準に達し，1941年

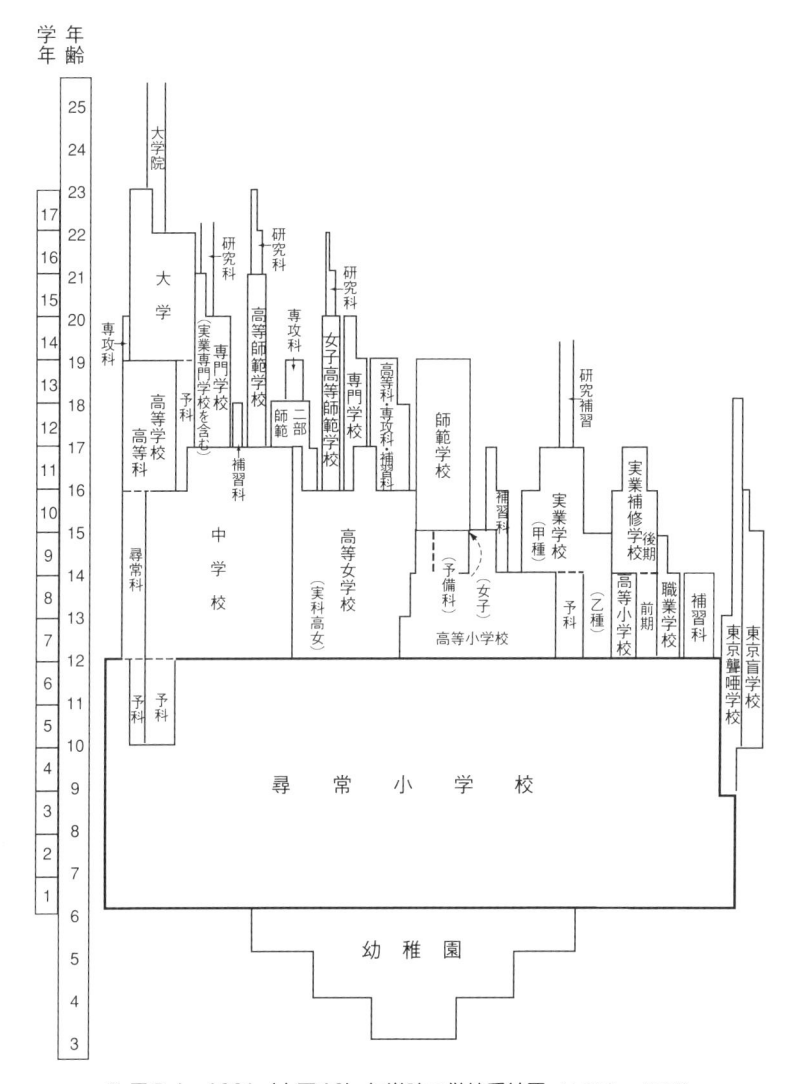

● 図5-1　1921（大正10）年当時の学校系統図（文部省，1992）

に「国民学校令」，初等科6年，高等科2年の8年に修業年限が延長された（図5-2）。

　小学校の就学率の推移をみると，男女合計で1873（明治6）年が28.1％（男39.7％，女15.2％），1877年が39.9％，1887年45.0％，1897年66.6％，1902年91.6％，1907年97.4％，1912（明治45）年98.2％，1920年99.0％に達した。男女別の就学率は，男子が1897年に80％を，1900年に90％を，1906年に98％を超える。女子では，1897年に50％を，1904年に90％を，1916年に98％を超えている。明治の後期になると，就学率が国民皆学という文言に近い水準に達するまでに上昇したことがわかる。

　第2に，旧制中学校（男子のみ入学）は，1886年の「中学校令」で，尋常中学校と高等中学校の2段階とされた。尋常中学の修業年限は5年，入学資格は年齢12歳以上の中学予備の小学校またはその他の学校の卒業者であった。中学校は普通教育を施す学校という性格をもち，進学を希望する者は増えていった。1891年に「中学校令」を改正し，1府県1中学校の制限が解かれる。1899年「中学校令」を改正し，尋常中学校を中学校に改称，修業年限は5年とされ，入学者は高等小学校2年の課程を修了した者に限られた。各府県に中学校の設置を義務づけるなど，積極的な振興方策が行なわれた。

　その後，中学校の普及により，卒業後進学せず，就職する者が増えたために，1911年に中学校令施行規則を改正し，実業科を導入した。1918年には，修業年限は5年であるが，修業年限短縮の要望と英才教育のために高等学校への入学資格を中学校第4学年修了とした。その後，中学校が増設され，進学率が急速に増加し，1931年に第4学年または第3学年から第1種（実業に重点）・第2種（外国語，数学に重点）課程に分け，生徒の進路別の教育が行なわれた。

　1901年に216校（国立1校，公立182校，私立33校；在籍生徒数は8万8千人）。1910年には300校を超え，1925年には500校を超え，在籍生徒数は29万6千人となる。1940年には600校（在籍生徒数43万2千人），1944年には812校（国立2校，公立621校，私立189校；在籍生徒数62万2千人）となっている。

　第3に，高等女学校の名称は，1891年の中学校令の改正の際に初めて現われた。女子中等教育の規程が設けられたが，修業年限や入学資格や学科目等の規程は設けられていない。1899年「高等女学校令」で修業年限は4年を基本，

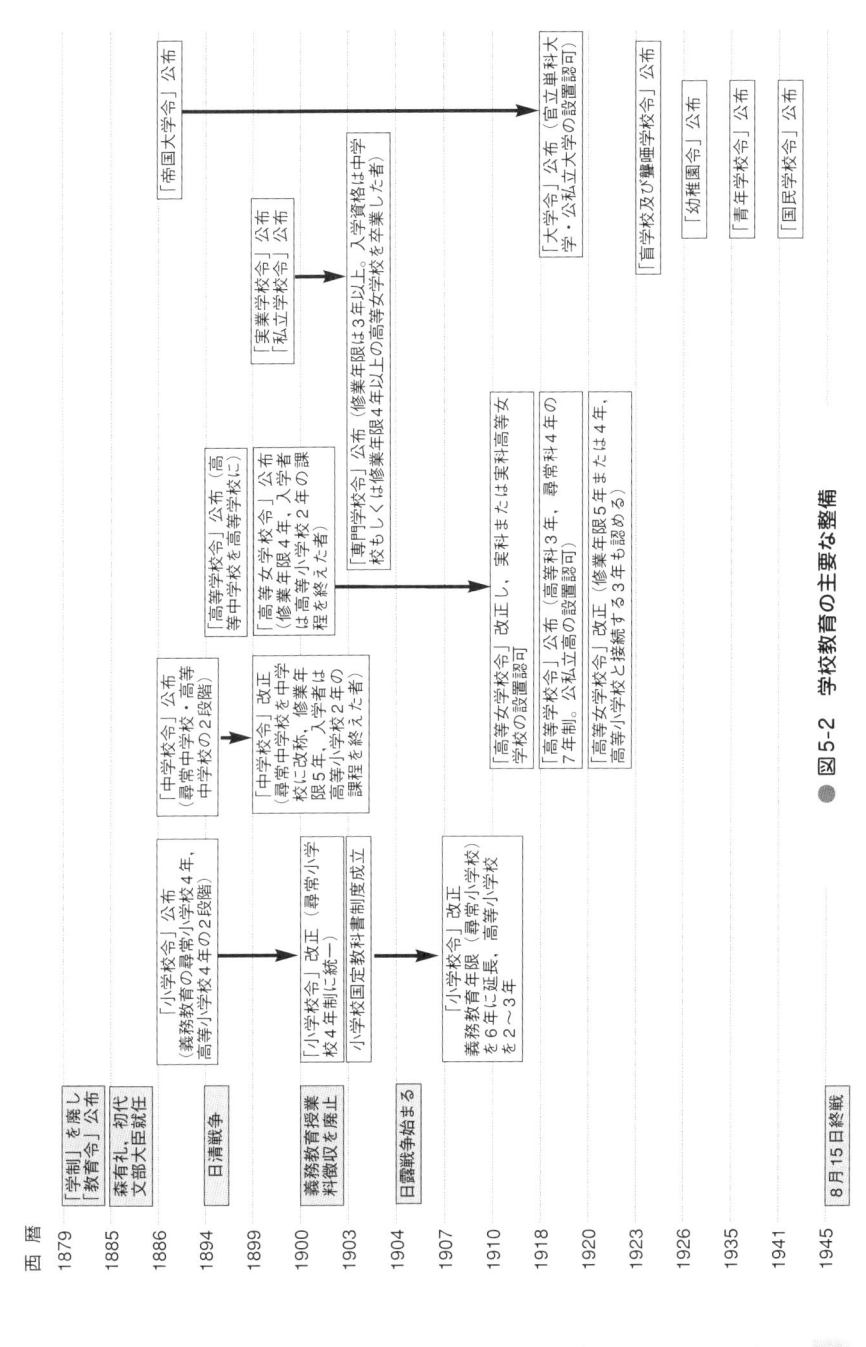

西暦		
1879	「学制」を廃し「教育令」公布	
1885	森有礼、初代文部大臣就任	
1886		「帝国大学令」公布
1894	日清戦争	
1899		「中学校令」公布（尋常中学校・高等中学校の2段階）／「小学校令」公布（義務教育の尋常小学校4年、高等小学校4年の2段階）
1900	義務教育授業料徴収を廃止	「中学校令」改正（尋常中学校を中学校に改称、修業年限5年、入学者は高等小学校2年の課程を終えた者）
1903		小学校国定教科書制度成立／「小学校令」改正（尋常小学校4年制に統一）
1904	日露戦争始まる	
1907		「小学校令」改正（尋常小学校義務教育年限を6年に延長、高等小学校を2～3年）
1910		「高等学校令」公布（高等中学校を高等学校に）／「高等女学校令」公布（修業年限4年、入学者は高等小学校2年の課程を終えた者）
1918		「専門学校令」公布（修業年限は3年以上。入学資格は中学校もしくは修業年限4年以上の高等女学校を卒業した者）／「高等女学校令」改正し、実科または実科高等女学校の設置認可
1920		「高等学校令」公布（高等科3年、尋常科4年の7年制。公私立高の設置認可）
1923		「高等女学校令」改正（修業年限5年または4年、高等小学校と接続する3年も認める）
1926		「実業学校令」公布／「私立学校令」公布／「大学令」公布（官立単科大学・公私立大学の設置認可）
1935		「盲学校及び聾唖学校令」公布
1941		「幼稚園令」公布／「青年学校令」公布／「国民学校令」公布
1945	8月15日終戦	

● 図5-2 学校教育の主要な整備

入学者は年齢12歳以上で高等小学校第2学年の修了者とされた。なお，3年から5年の多様な修業年限を認め，補習科，専攻科，技芸専修科の課程を設置。1907年，義務教育の延長にともない入学資格を年齢12歳以上で尋常小学校修了者に改めた。なお，修業年限は1年の伸縮を認め，4年と5年の2種類であった。1910年には「高等女学校令」が改正され，実科（実生活に必要な技芸を授ける）または実科高等女学校の設置が認められた。1920年の「高等女学校令」改正では修業年限は5年または4年，高等小学校と接続する3年も認めた。

1897年26校，（在籍生徒数6,799人），1905年には100校（同3万1千人），1911年201校（同6万4千人），1921年には417校（同17万6千人），1928年には733校（同35万9千人），1943年には1千校を超え1,299校（国立2校，公立985校，私立312校；同81万7千人）となった。

第4に，1899年「実業学校令」を公布。実業学校は工業，農業，商業，商船，実業補習学校等からなる。修業年限は3年を本体とし，入学資格は，14歳以上で，修業年限4年の高等小学校程度の学力を有する者とされた。この点で，中学校を卒業する年齢と実業学校を終わる年齢とは同じであった。なお，実業補習学校は初等教育を修了し，おもに農業等の職業に従事している者に対する教育機関になっていた。1903年には実業学校令が改正され，程度の高い実業学校を実業専門学校とし，この種の学校は専門学校令の規定を受けた。たとえば，札幌農学校，盛岡高等農林学校，東京高等商業学校，神戸高等商業学校など。1924年には，文部省告示で実業学校卒業生が中学校卒業生と同等以上の学力をもつものと認められた。大正時代，実業専門学校としての高等工業学校，高等農業学校，高等商業学校などは拡大した。

学校数は甲種（中学校と同等）が1900年で139校，1911年507校，1922年714校，1931年1,003校，1943年1,991校であり，1953年まで存続した。乙種（中学校より低度の学校）は1905年67校に始まり，最も多かったのが1937年の314校で，1942年まで存続した。在籍生徒数は，1900年16,981人，1911年70,085人，1922年165,673人，1931年292,015人，1943年794,217人であった。

第5に，1903年「専門学校令」を公布し制度化。専門学校は「高等の学術技芸を教授する学校」であるとした。修業年限は3年以上。入学資格は中学校

もしくは修業年限4年以上の高等女学校を卒業した者とされた。受験の資格は男子は満17年以上，女子は満16年以上。医学専門学校，東京外国語学校，東京美術学校，東京音楽学校等が専門学校になった。専門学校は大学と区分されていたが，1年半程度の予科をもつ専門学校に対しては「大学」という名称をつけることを認可。この措置により，私立の専門大学は大学と改称した。その後，1919年の大学令の公布により私立大学として認められた。

専門学校は明治40年代から大正初年にかけて多数設置された。1900年48校（在籍生徒数13,400人），1910年62校（同26,244人），1922年79校（同38,997人），1931年111校（同67,913人），1940年121校（同98,967人）となっている。

第6に，旧制高校（男子のみ入学）。1894年の「高等学校令」により高等中学校は高等学校に改称された。専門学科の教授，帝国大学予科教育，低度の特別学科による教育の3つを担当する学校と制度上規定されたが，しだいに，大学予科は3年に移行し，帝国大学予備教育機関の性格を強めた。入学資格は尋常中学校卒業程度。明治20年代後半に，医学部，法学部，工学部等の専門学科は廃止され，大学予科に改編していった。1918年，新しく「高等学校令」を公布し，大学予科としての性格を明確化した。それまで第1から第8までの官立高等学校だけが設置されていたが，この年から，公立と私立の高等学校の設置が認められた。修業年限7年，高等科3年，尋常科4年，高等科のみの設置も認められた。高等科への入学資格は中学校第4学年修了者とされた。

1887年国立の6校（在籍生徒数は1,658人），1901年8校（同4,361人）へ，1919年に4校設立され12校となり在籍生徒数は7,000人を初めて超える（同7,558人）。1921年には在籍生徒数は1万人を超える。1926年に30校を超え31校（同1万8千人）。その後，学校は増設されず，1929年に在籍生徒数は2万人を超えるが，以後1万7千人台となる。1943年から生徒数は増え，1944年に33校（国立26校，公立3校，私立4校；同2万7千人）となり，1950年末まで存続した。

第7に，1886年に「帝国大学令」を公布する。これにより，1886年東京，1897年京都，1907年東北，1910年九州，1918年北海道，1931年大阪，1939年名古屋に各帝国大学が設立。帝国大学以外の公立，私立，官立単科大学は1918年の「大学令」以降に設立。1920年の16校から，1945年には，国立19校，

公立2校，私立27校の計48校へと増加。在籍学生数は，1897年2千人，1907年7千人，1919年1万人，1928年6万人，1943年10万人。女子学生は1915年に初めて3人（国立）在籍，1924年16人，その後徐々に増え，1934年に100人を超えて126人（国立60人，私立66人）。その後200人前後となり，戦前で最も多かった1944年には232人から315人へと増えている。

なお，これ以外の学校として，1923年「盲学校及聾唖学校令」を公布。1926年「幼稚園令」。1935年「青年学校令」がある。

以上の各学校の制度面の整備，学校数や在籍生徒数などから，初等教育の就学率は明治中期から後期にかけて急速に拡大を遂げ，中等教育以降の諸学校のそれは大正から昭和に入り拡大している。学制発布以降，就学を奨励し，学校教育の普及を図り，当時の国家目標であった「富国強兵」「殖産興業」の要請に対応した国家社会にとって有為な人材の養成を図るものであった。また，学校教育はわが国の経済発展とか軍事力の強化に資する人材の要請だけでなく，教育をとおしての文化的な統合（言語文化の共通化，教育勅語に象徴される国家意識の形成など）といったはたらきも担っていた。とくに短期間で99％に達する高い就学率を達成した初等教育が担った社会的な役割・貢献は大きい。

2節　数字で見る学校教育の到達点——戦後および高度経済成長期

戦後の学校教育の制度は，1947年3月に「教育基本法」「学校教育法」を制定，公布し発足した。戦前の教育の特徴が初等教育の普及・拡大であるならば，生徒数（就学者数）からみた戦後の教育の特徴は，後期中等教育機関として1948年4月に発足した高等学校への進学者の量的拡大である。1970年代に入ると進学率は90％を超えた。高等学校は旧学制下の青年学校，中学校，高等女学校，実業学校などを吸収，統合し一元化された。いわば，おのおのの学校の進学機会に社会階層を色濃く反映していた複線型の学校制度から，すべての者に平等に進学機会を開放した単線型の教育制度への移行を果たした。また，総合制，小学区制，男女共学制を理念・原則として，進学者を大幅に増大させていった。また同時に，1960年代以降の高度経済成長による国民所得の上昇

にともなって高等教育就学人口も拡大の一途をたどった。

　高等学校（中等教育）と大学・短大（高等教育）への進学の状況を時系列的にみてみる。まず，新制中学校の最初の入学（1947年4月）生徒が高等学校に入学した1950年3月の進学率は42.5％（通信制課程を除く）。その後，1955年51.5％，1961年に60％を超え，1965年に70％を，1970年に80％を，1974年に90％を超え，1980年に94.2％，2003年以降95〜96％台を推移する水準に到達した。

　また，大学・短期大学への進学率（浪人を含む）は，1955年10.1％，1960年10.3％，1965年17.0％，1970年23.6％，1975年38.4％，1980年37.4％，1985年37.6％，1990年36.3％，1995年45.2％，2000年49.1％，そして，2005年51.5％，2009年3月56.2％に達した。高度経済成長期に進学率が急速に高まったが，1975年から1990年代前半まではほとんど上昇しなかった。1995年以降は再び徐々にではあるが上昇カーブを描いている。なお，現在の学校数等を表5-1に示した。

　就学者（率）や進学率という指標でみる限り，学校教育は1970年代後半に入ると一定の満足すべき水準に達したとみなされた。経済的貧困を理由とした長期欠席児童・生徒は義務教育段階では減少し，養護学校の義務化も図られた。

● 表5-1　わが国の学校・教員・児童生徒数 （2009年5月1日現在）

	学校数	教員数	児童・生徒数
幼稚園	13,515	110,702	1,630,344
小学校	22,258	419,437	7,063,606
中学校	10,864	250,782	3,600,319
高等学校	5,183	239,349	3,347,212
中等教育学校	42	1,576	20,437
特別支援学校	1,030	70,516	117,035
高等専門学校	64	4,525	59,386
短期大学	406	10,130	160,977
大学	773	172,026	2,845,965
専修学校	3,350	40,916	624,794
各種学校	1,518	9,654	135,985
合計	59,003	1,329,613	19,606,060

（注）学校数は分校は除く，教員は本務者のみ

義務教育終了後,高等学校等へと進学する者の比率は戦後一貫して上昇し,1970年代後半には90％を超える水準に達した。また,大学・短大等の高等教育機関への進学者は量的に拡大した。その進学率が上昇していった要因としては,次のことが考えられる。1つめは,わが国の職業構成（産業構造）に大きな変化が起き,第2次や第3次産業従事者の増大がみられたこと。産業構造の転換が学校教育に対して,より高次な知識・技能の学習を求める要請を強くした。もちろん,第1次産業の農業にも近代化が押し寄せ,専門的な知識に基礎づけられた高度な農業技術を駆使できなければ職業として成り立たせるのが困難な段階に突入している。2つめは,戦後における経済成長により国民所得の大幅な増大が達成され,教育費の負担に耐えられる家庭が増えたこと。3つめは,上級学校への進学期待が高まり,その期待にこたえる形で,戦後の教育の機会均等の理念を実現すべく進学機会の拡充を積極的に図る方向で,多くの高等学校や大学が設置されたことである。高等学校の設置数の増加は,確実に高等学校への進学率を押し上げる大きな要因となった。高校増設が進学への需要に間に合わず,公立高校の枠内では対応しきれず,私立高校の設置や定員増によって対応した時期もあった。4つめは,より上級学校の学歴を取得しようとする学歴意識の浸透がある。戦前に確立した学校歴（出身学校歴）による学歴主義に基づく評価が,戦後になっても一定程度継続した。それは身分に変わって学歴を用いる評価の方法が,学歴＝能力という意味で理解され,それゆえ,学歴による評価は合理的,近代的な尺度としてみなされてきた。この学歴意識の浸透が過度な進学競争を生み出す原因であるといった批判は今日でも続いている。

3節 学校制度の質的改革へ

1. 教育改革への動き

1990年代以降,わが国の教育のあらゆる分野・領域において変革がみられる。とくに,臨教審（臨時教育審議会）による1985年6月から1987年8月にわたる教育改革に関する第1次から第4次までの答申を境に,教育改革は急速

に進んでいる。この臨教審による教育改革の時代的な背景には，次のことがある。経済の高度成長時代から80年代の低成長時代に移り，経済大国という目標が達成される一方で，21世紀に向けて少子・高齢化，社会の成熟化，国際化や情報化などの急速な社会変化が予想されたこと。そして，学校現場では，80年代後半以降に，いじめ，不登校，校内暴力などの教育問題が深刻化したことである。

　社会の変化に対応できる教育の改革，学校教育の抱える諸問題・課題の解決に資する改革が強く要請されだした。こうして，80年代は，個人所得の上昇や社会基盤の整備が進む豊かな社会のもとで，大学や高等学校への進学率が上昇した結果，教育機会の平等を実現してきた学校教育の量的拡大から，学校教育の質的充実を問う方向への転換点となった。

　たとえば，臨教審の改革では，「21世紀を展望した教育の在り方」「社会の教育諸機能の活性化」「初等中等教育の改革」「高等教育の改革」「入試制度の改善」「教員の資質の向上」などが審議事項となった。そして，「個性重視の原則」「生涯学習体系への移行」「変化への対応（情報社会）（国際社会）」などが教育改革のポイントとされた。

　その後の90年代の中央教育審議会はこうした考えの具体化を図っている。1991年4月の答申では，多様化，個性化をめざす高校教育の改革構想を提言した「新しい時代に対応する教育の諸制度の改革について」，1996年7月には「21世紀を展望した我が国の教育の在り方について」（第1次答申）において，新しい教育理念に「生きる力」を打ち出している。1997年6月の第2次答申では，中高一貫教育，飛び入学の導入を提言。1998年6月の答申では，「幼児期からの心の教育の在り方について」，同年9月「今後の地方教育行政の在り方について」，1999年12月の答申では，「初等中等教育と高等教育との接続の改善について」で大高連携や接続を重視した入学者選抜の改善，キャリア教育を提言している。90年代，改革に取り組む意欲は高かった。

　2000年代に入ると，学校教育のあらゆる分野でのいっそうの改革が目ざされてきた。以下におもなものをあげる。たとえば，2000年12月には，教育改革国民会議報告「教育を変える17の提案」。学校評価が注目された。2002年2月には，中央教育審議会答申「今後の教員免許制度の在り方について」。2004

年3月には，中央教育審議会答申「今後の学校の管理運営の在り方について」。地域が公立学校経営に参加する意義や効果について言及した。2005年10月には，中央教育審議会答申「新しい時代の義務教育を創造する」。国と地方の役割分担の観点から国の施策，地方への分権，教育の結果の検証等が論議され，義務教育費国庫負担制度，全国学力テストの実施（2007年度からの実施），学校評価，校長の権限の拡大などが関心を集めた。2005年12月には，中央教育審議会答申「特別支援教育を推進するための制度の在り方について」。2006年3月には，文部科学省「義務教育諸学校における学校評価ガイドライン」。2006年7月には，中央教育審議会答申「今後の教員養成・免許制度の在り方について」では，専門職大学院のあり方，教員免許更新制の導入（2009年度からの免許更新講習の本格実施へ）が検討された。2006年12月には，1947（昭和22）年に制定され戦後の教育水準を向上させてきた教育基本法が改正された。これまでの教育基本法は平等，自由，個人の尊厳などの普遍的な理念をたいせつにしていたが，これらをふまえ，さらに道徳心，公共の精神，伝統と文化，国や郷土を愛するといった理念が今求められているとして重視される。この教育基本法の理念を受け，2007年6月に教育関連3法（学校教育法，地方教育行政法，教育職員免許法及び教育公務員特例法）が改正された。

　あらゆる分野にわたり，改革という言葉で従来のやり方を変えようという動きが強くみられる。しかし，実際にその改革を実施してみると，不都合も各方面から指摘され，見直しの動きもでてきている。たとえば，小・中学校での学校選択制，2学期制などがそうである。変化の激しい社会ゆえに改革の動きと同時にその見直しの動きも強まるのであろう。

2. 高等学校の改革

　さて，近年とくに顕著な改革がみられる高等学校を例にみていく。高等学校は，1948（昭和23）年に制度化され，旧制の高等学校とは異なり，学校教育法では，「中学校の教育の基礎の上に施される高等普通教育及び専門教育」となっている。その改革では，発足当初から一貫して量的拡大をめざしてきた。だが，進学率が90％を超え，高校進学が当然のことと考えられるようになると，一部の者だけが進学するという考え方では対応しきれないために，その質

的変革の一環として，教育課程の改編や入試制度の改革が進められた。そして，90年代に入り，制度面の改革に力点が移り，次のような新しいタイプの高校の設置が始まっている。

まず，単位制高校は，1988年度から制度化が図られ，定時制・通信制課程に導入され，1993年度から全日制課程にも設置可能となった。2009年度の全日制のうち単位制による課程は561校，生徒数309,966人。その特徴は必修科目以外にも多くの科目を開設し，履修のしかたは生徒の主体的な選択を可能にしていることである。それは履修上，中退の原因ともなる学年制をあらため，習得した単位の累積加算によって卒業を可能にする。なお，このために「中退の安易な受け皿」とか「単位の安売り」という批判もある。

また，総合学科は1993年3月に創設された。従来の普通学科と専門学科の2種類の学科に加え第3の学科として位置づけられた。普通教育と専門教育の総合化をめざし，多様な科目を用意し，生徒の選択の幅を拡大している。また，将来の職業選択と関連づけて進路への自覚を深めるために実践的・体験的な学習も重視するのが特徴となっている。進路多様校とよばれる普通科高校からの転換が特徴になった時期もある。なお，わが国の高校（本校）は2008年度現在，総数5,129校，全日制（4,407校），定時制（159校），併置（563校）である。1学科の単独校は3,629校，2つ以上の学科をもつ総合校は1,500校である。そして，全日制の単独校のうち「総合学科」の高校は225（全日制205校，定時制17校，併置3校），総合校のうち総合学科を設置している高校は97校（全日制65校，定時制2校，併置30校）である。

そして，6年制の中等教育学校が1998年に新しい学校種として創設され，中高一貫教育制度が導入された。従来の中学校，高等学校という路線のほかに，中等教育の多様化に対応した制度と位置づけられている。1999年度から設置され，1999年1校，2000年3校が新設され，2005年19校，2006年27校，2007年32校，2008年37校と増加し，2009年度現在で42校（国立4校，公立25校，私立13校）が導入された。なお，こうした中等教育学校以外に，中高一貫教育を推進する学校の設置形態として「併設型」（本校242校）と「連携型」（同84校）の中学校・高等学校がある。そして，全国で500校という設置目標も掲げられている。設置の意図としては，「中等教育の多様化」の促進を図ること

であり，「中学校と高等学校の接続の多様化を図る」「中学校と高等学校の間の壁を取り払う」「カリキュラムや指導方法，教員組織などを，中高6年間をとおして，弾力的に調整・編成する」「特色ある教育課程を編成する」などがあげられている。

　こうした1990年代の高校教育の制度面での新しい改革である，単位制高校，総合学科，6年制中等教育学校などが，今後どのような成果を上げていくか，その成果に関する評価はこれからであろうが，こうした高校が今日直面している問題や課題の解決を期待されていることを考えると，たとえば，高校での不本意入学や中退問題，高校生の学習意欲の欠如や低学力（学業不振）の問題，進路意識の不明確や就職率の低下等の問題など，今日の高校教育や高校生の抱える多くの問題に，新しい改革がどう対処していけるかが問われている。

　2000年代に入り，クローズアップされてきたのは，大学入試である。とくに，公立高校は有名国公私立大学への合格者数をいかに多く輩出するかを競うことにその精力を注ぐようになった。私立高校への対抗である。総合選抜を廃止し大学区制へ回帰する都道府県が多くなった。2006年度には，高等学校の最終年次に在学する必履修科目の未履修の生徒の卒業認定が全国的に問題となり，その対応に対して文部科学省から通知が出された。この問題は，受験に傾斜した科目履修を用意した高校の受験体制を問うものであった。高校教育の成果とは何か。あらためて問われているのが，高校教育の成果（アウトプット）として社会的に評価できる重要な指標とは何かである。この出来事は，大学への進学実績以外に重要な指標が見いだせない高校の現状を物語る事件でもあった。この未履修問題から考えると，新しいタイプの高等学校が達成しようとする目標をどこに置くのか。社会的に承認される高等学校の教育成果とは何か，その内容を検討していくことが，教育改革がめざす方向とはどのようなものかを問うものとなろう。

　以上，わが国の学校教育は1872年の「学制」から始まって約140年を経てきたが，本章ではおもに学校教育の制度的な面でどのような発展を遂げてきたかを，学校の種類・数および就学・進学の状況を示しながら時系列的に概観してきた。

読者のための推薦図書

- 『教育の近代化─日本の経験』 天野郁夫（著） 1997 玉川大学出版部
- 『市民社会と教育』 藤田英典（著） 2000 世織書房
- 『教育と選抜の社会史』 天野郁夫（著） 2006 筑摩書房

6章 わが国の教育制度と学校経営

　今日，わが国において一般に教育活動とよばれる活動領域を俯瞰すると，3つの基本的領域を指摘できる。第1は家庭教育であり，第2は学校教育であり，第3は社会教育である。これら3つの教育基本領域を，人々の誕生から死にいたるまで，生涯にわたりその発達を支援するという視座から，空間的・時間的に相互の連続性・関連性を考慮しつつ，包括的に構築する社会を，生涯学習社会と称している。教師の主要な活動領域は，原則的に第2領域の学校である。したがって，教師による「教育実践」とは，生涯学習社会体系の一基本的領域としての学校教育を前提としつつ，その社会的使命を具体的に遂行することに他ならない。本章では，わが国の憲法＝教育基本法のもとでの教育制度と，これを前提とする学校経営の改革動向について，その特質と課題を中心に学習する。

1節　教育制度の概念と公教育

1. 教育制度の概念

　元来，教育行為は親子を中心とする家庭生活において無意図的に行なわれ，人間として必要な生活上のさまざまな能力は，家族関係の中で直接育成されてきたといってよい。このように教育行為は，本来，親子や家族の私的な関係に基づいて行なわれてきたものであり，それぞれの教育内容や方法は多様性をもち，教育の行なわれる場は個別的であった（山崎，2008）。

　ところが，文化の発達や社会生活の変遷にともない，人々の所属する社会集団が家庭内から家庭外にも拡大されるようになると，私的で個別的な要求を越えて，社会的な要求が全面に現われるようになる。そして，そのような共同生活を維持するためにその共同体に共通する資質や能力を，共同の場において育成することが必要となる。

　教育制度とは一般に，「ある一定の教育目的を達成するための機能をもつも

のとして，その存続が社会的に公認されている組織」（細谷ら，1990）と理解されるが，社会的な公認のされ方により2つに分けられる。1つは，「慣行的教育制度」である。これは，人々の生活ニーズに対応して生起した一定の教育要求に応えるために，家庭や地域社会，あるいは特定階層において自然発生的に成立したものであり，それが組織化され社会慣行的な制度として定着したものである。もう1つは，「法制的教育制度」である。社会の発展や国家の必要から，より組織的・体系的な教育活動が求められるようになると，国家が法規を制定し教育を政策の対象内に組み入れ，教育制度を法制下におくようになったものである。

2．公教育とは何か

今日，わが国で実施されている小学校および中学校までの義務教育は，上記にいう法制的教育制度の典型例であり，公教育の代表的な構成部分である。この小学校・中学校のみならず，幼稚園・高等学校・中等教育学校・特別支援学校・大学・高等専門学校は学校教育法第1条に規定され，同時に国や地方公共団体の諸法令により規制を受けるが，このように，教育に対して国や地方公共団体など公共機関が関与することが基本となっている教育システムを公教育体制という。しかし，教育に関する公的関与は一様ではない。公教育を狭義に解するなら，国または地方公共団体の設置する国公立学校で行なわれる教育のみを指すことになる。また広義に解するなら，直接的・間接的に公的規制を受ける教育は設置主体の如何にかかわらず，すべて公教育となる。

すでに述べたように，教育の原初的形態は家庭のなかで生活を営むための諸活動をとおして日常的・非組織的に行なわれた。しかし，ある程度の知識や技術，文化が蓄積されてくると意図的・組織的に教育を行なう機関である学校が成立するようになる。このような意図的・組織的に行なわれる教育に国家が関与することをとおして，公教育制度が成立する。

◆2節◆ 現代公教育制度の構成原理

1. 教育制度の基本原理と教育病理

　日本国憲法はその第26条1項において，すべて国民は，「その能力に応じて，ひとしく教育を受ける権利を有する」と宣言し，ここにわが国の公教育制度の基本原理が示されている。今日，教育に国家が関与し，教育がひろく国民を対象として営まれているが，その基本原則はあくまでも国民の教育を受ける権利を保障することである。現代公教育制度の基本原理については，外的側面および内的側面の2つの側面からとらえることができる。前者は，義務性と無償性の原理で構成される「機会均等の理念」であり，後者は，中立性・個性化・総合（統合）性の原理で構成される「全面発達の理念」である（山崎，2008）。

　戦後わが国の学校教育が，上述のように日本国憲法＝教育基本法体制のもとで，法制論的には社会権としての「受教育権」（日本国憲法第26条）を保障するシステム（教育を受ける機会の保障と拡大）として位置づけられつつも，社会経済的には，高度な産業社会を背景に，さらには成熟した消費社会を指向する社会構造と機能的に密接にリンクする形で発展してきたこともまた事実である。

　したがって，学校教育が，たとえ法制論的に「人権論」の枠組みに準拠しつつ，同時に教育学的に「学習者（児童・生徒）の人間性尊重」など近代的ヒューマニズムの教育理念を実践的に遂行しようとしても，社会経済的には一定の上級学校への進学・受験学力や資格獲得学力，また一定の企業への就職学力に「逆」規定されてしまう。また，このような学力の排他的獲得へ収斂させる競争的関係が，学校＝学級内部で展開される教育活動に対して，侵入することとなる。保護者の熱意と経済力に支えられた予備校や学習塾の活況ぶりは，このことの偽らざる証左といえよう。

　このように，学校教育の外皮（外側の制度的枠組み）が，日本国憲法＝教育基本法に基づく人権論によって構成され，その教育目標が人間性の尊重というヒューマニスティックな教育思想に彩られていても，その実際的内容と機能の中心が上級学校への入学試験や就職試験に出題される知識や技能の機械的詰め

込みあるいは一方的注入に競争的にいそしむことのみであるとすれば，学校教育の内部構造は，学習権保障のための人権論やヒューマニズム的教育論に依拠する教育実践によって，かえって子どもたちの心を精神的な被抑圧感で充満させるという，逆説的な病理現象を誘発させる危険性を孕んでいる（前原，2007）。

さらに，上記の社会経済的力学は，社会システムとしての学校教育が有する組織性と連結して，学校教育の組織的合目的性を追求させる。ここでいう学校教育の組織性とは，日本国憲法・教育基本法・学校教育法・学習指導要領等々に法的に規定された，各校種各学校が有する個別的教育理念・目標・教育課程・学年指導計画・授業計画・授業実践・授業評価・授業改善・第三者評価などの「教育内容とその実践に関わる一連の構造的組織性」であると同時に，校長・副校長・教頭・主幹教諭・教務主任・生徒指導主任・学年主任・学級担任等々の校務分掌に表示される「教員集団の職務上の組織性」を意味する。

2. 教育基本法の改正

教育基本法は，教育の基本的な理念や原則を示した法律である。戦後の1947年3月31日に公布された教育基本法は，その後長らく改正されることはなかったが，2006年12月22日に改正法が公布された。改正のねらいは，今日，教育上重要と考えられる事項につき，これを法律に明記することにより，国民の共通理解のもと，社会全体で教育改革を推進することにある（田中，2007）。

改正の背景としては，社会の大きな変化とこれにともなう教育的課題への対応の必要性を指摘できる。今日わが国においては，高度な科学技術が急激に発展するとともに，情報化や国際化が進展している。その一方において，少子高齢化や核家族化が進み，子どもたちをめぐる教育的環境に著しい変化がみられる。共働きの家庭が増加し，家庭の教育力の低下，育児の不安や悩みをもつ親の増加も指摘される。地域社会に目を転ずれば，地域で子どもを育てる意識が低下するなど，地域教育力の弱体化や，近隣住民間での交流や連帯意識の希薄化などが指摘される。このような家庭と地域社会の教育環境の変化とともに，学校においても，いじめ・校内暴力などの問題行動や不登校の児童・生徒の増加がみられ，加えて，①学ぶ意識の低下や学力の低下傾向，学習習慣の欠如，②起床・就寝時刻の乱れ，長時間のテレビ視聴など基本的生活習慣の乱れ，

③体力の低下，食生活の乱れ（朝食ぬき），④自己中心性が強く，社会性が乏しく規範意識に欠けるなど，数々の教育病理現象が顕在化しつつある（新堀，2000）。

このようなわが国の複雑に錯綜する教育病理現象を背景に，改正教育基本法は，その第1章において，新しい時代の基本的な「教育の目的及び理念」を明記している。とくにその前文および第1条では，旧基本法が掲げてきた「人格の完成」「個人の尊厳」「平和で民主的な国家及び社会の形成者」などの普遍的な理念を継承しつつ，新しい時代の教育理念を明示している。その理念を人間像の観点から言い換えると，次の3つに集約できるだろう（文部科学省，2007）。
① 知・徳・体の調和がとれ，生涯にわたって自己実現をめざす自立した人間の育成
② 公共の精神を尊び，国家・社会の形成に主体的に参画する国民の育成
③ 我が国の伝統と文化を基盤として国際社会を生きる日本人の育成
である。第1条では，教育の目的として，「人格の完成」「国家及び社会の形成者として……心身ともに健康な国民の育成」を定め，この目的を実現するために重要と考えられる事柄を教育の目標として第2条において，次のような項目を示している。
1．幅広い知識と教養，真理を求める態度，豊かな情操と道徳心を培い，健やかな身の育成
2．能力の伸長と創造性を培う。自立・自律の精神を養う。職業および生活との関連の重視，勤労を重んずる態度の育成
3．正義と責任，男女の平等，自他の敬愛と協力の重視，公共の精神に基づき，主体的に社会の形成に参画し，その発展に寄与する態度
4．生命や自然の尊重，環境の保全に寄与する
5．伝統と文化の尊重，わが国と郷土を愛し，他国を尊重し国際社会の平和と発展に寄与する。

第3条では，生涯学習の理念が新設され，「国民一人ひとりが，自己の人格を磨き，豊かな人生を送ることができるよう，その生涯にわたって」あらゆる機会・場所で学習でき，「その成果を適切に生かすことのできる社会の実現が図られなければならない」とされる。

第4条では，教育の機会均等について規定され，第1項は「人種・信条・性別・社会的身分・経済的地位又は門地」により教育上差別されないこと，このため「すべての国民は，ひとしく，その能力に応じた教育を受ける機会を与えられる」とする。第2項の障害者支援については新設で，障害者が「障害の状態に応じ，十分な教育を受けられるよう」必要な支援を，国および地方公共団体の責務としている。第3項では，能力があっても，「経済的理由によって修学が困難な者」に対する奨学制度について規定している。

　第2章では，教育の実施に関する基本について規定され，教育を実施する際に基本となる事項として，旧法に定められていた「義務教育」「学校教育」「教員」「社会教育」「政治教育」「宗教教育」に関する規定を見直すとともに，新たに「大学」「私立学校」「家庭教育」「幼児期の教育」「学校，家庭及び地域住民等の相互の連携協力」の条項が新設されている。

　第3章の教育行政では，「教育は不当な支配に服することなく……法律の定めるところにより行われる」こと，教育行政は「国と地方公共団体との適切な役割分担及び相互協力の下，公正かつ適切に行われる」こと，「国及び地方公共団体は，教育が円滑かつ継続的に実施されるよう，必要な財政上の措置を」講ずることが規定されている。第17条（教育振興基本計画）では，国の責務として「教育の振興に関する施策の総合的かつ計画的な推進」を図るため，基本方針，講ずるべき施策その他必要事項について，基本的計画を定め，これを国会に報告し，公表すること。地方公共団体の責務として，政府の「計画を参酌し，その地域の実情に応じ」，当該地方公共団体における教育の振興のための基本計画を定めるよう努めることを規定している。この規定をふまえて，今後10年間をとおしてめざすべき教育の姿を明らかにするとともに，前半の5年間（2008〜2012年度）に取り組むべき施策を総合的・計画的に推進すべく，2008年7月1日付けで教育振興基本計画が閣議決定された。なお，2007年6月には，教育基本法の改正および中央教育審議会の答申等をふまえ，学校教育法では，新たに義務教育の目標を定め，各学校種の目的・目標を見直すとともに，後述するように学校の組織運営体制の確立のため，副校長などの新しい職を設置するなどの改正を行なっている。また，これらの法改正と連動しつつ，「生きる力」をはぐくむという学習指導要領の理念を実現するため，その具体

的手立てを確立する観点から学習指導要領を改訂し，2009年度より小・中学校学習指導要領の移行措置段階に入っている。

◀3節▶ 学校経営

1. 学校組織運営・指導体制の整備

　上述したように，今日わが国においては，日本国憲法第26条において，国民が質の高い教育をひとしく受けることができるよう，義務教育の根幹として，①機会均等，②水準確保，③無償制を規定している。このような国の責務を前提に，中央教育審議会は，2005年10月，その答申「新しい時代の義務教育を創造する」において，「教育を巡る様々な課題を克服し，国家戦略として世界最高水準の義務教育の実現に取り組むことは，我々の社会全体に課せられた次世代への責任である」という認識を示している。さらにこの認識のもと，新しい義務教育の姿が描かれ，その実現のための義務教育の構造改革とともに，義務教育の質的保証・向上を企図する国家戦略が4項目にわたって提言されている。戦略1は，「教育目標を明確化して結果を検証し，質を保証する」ことであり，戦略2は，「教師に対する揺るぎない信頼」の確立である。戦略3は，「地方・学校の主体性と創意工夫で教育の質を高める」ことであり，戦略4は，「確固とした教育条件の整備」である。

　ここで，本節のテーマである学校経営とのかかわりに着目しよう。上記の戦略3で，「学校の自主性・自律性の確立」と「教育委員会制度の見直し」が挙げられ，以下の提言がなされている。
・人事，予算，学級編制など学校・校長の権限を拡大する
・学校運営を支える機能充実ため，管理職を補佐して担当の校務をつかさどるなど一定の権限をもつ主幹などの職を置くことができる仕組みについて検討する
・学校教育の質を保証するため，自己評価の実施・公表を義務化する
・保護者・地域住民の学校運営への参画と協力の推進
　などである。これらの提言は，2006年12月22日に公布・施行された教育基

本法第6条第2項に「学校教育においては……体系的な教育が組織的に行われなければならない」という規定が新設されたことをふまえて，幼稚園，小中学校等に副校長，主幹教諭，指導教諭という新しい職を置くことを内容とする学校教育法の一部改正（2007年6月）により具体化された（窪田，2009）。

2．校長・副校長・教頭の職務とリーダーシップ

　学校教育法の一部改正により，学校内の教員組織は大きくその形を変えることとなった。というのは，学校運営組織の基本構造について，従来からの校長と教頭を除く横並びの「鍋ぶた型」の教員組織から，構造的に上下関係のある「ピラミッド型」のそれへ変換する前提が設定されたからである（堀井・福本，2009）。このことにより，学校経営を担う管理職の立場を明確にし，トップマネジメントの強化を図るなど，責任の所在の明確化による学校運営の効率化が期待されるようになった。改正学校教育法は，その第37条1項において，小学校における「校長，教頭，教諭，養護教諭及び事務職員」の必置を規定し，加えて第2項において，「副校長，主幹教諭，指導教諭，栄養教諭その他必要な職員」を置くことができるとしている。中学校，高等学校，中等教育学校等においては，それぞれの準用規定により同様の規定がなされている。

　校長の職務については，「校長は，校務をつかさどり，所属職員を監督する」と規定されている（学校教育法第37条第4項）。校務とは，学校運営上必要な一切の仕事を含み，大別すれば，次の5項目に集約される。①学校教育の内容に関すること，②教職員の人事管理に関すること，③児童・生徒の管理に関すること，④学校の施設・設備の管理に関すること，⑤その他学校の運営に関することである。このような一般的な職務規定をうけて，都道府県や区市町村の学校管理規則に「校長の職務」が規定されることがある。

　副校長の職務については，「校長を助け，命を受けて校務をつかさどる」と規定されている（学校教育法第37条第5項）。任意設置であり，すべての学校に必置される職ではない。校長から命を受けた範囲で，校務の一部を自らの権限で処理することができる。校長と教頭の間に置かれる職で，教頭の上司となる。副校長と教頭を併設する学校においては，教頭は，校長および副校長を補佐する立場となる。その職務権限については，教頭は，「校長（……及び副校

長）を助け，校務を整理し，及び必要に応じ児童の教育をつかさどる」と規定されている（同法第37条第7項）。また，校長（……及び副校長）に事故があるときは校長の職務を代理し，校長（……及び副校長）が欠けたときは校長の職務を行う」（同条第8項）。

主幹教諭は，「校長（副校長を置く小学校にあっては，校長及び副校長）及び教頭を助け，命を受けて校務の一部を整理」するとともに，「児童の教育をつかさどる」とされている（同条第9項）。主幹教諭と主任との違いについては，次のように解することができる。つまり，主幹教諭は，命を受けて担当する校務ついて一定の責任をもってとりまとめ，整理し，他の教諭等に対して指示することができる。これに対して，教務主任あるいは学年主任等は，校長の監督を受け，担当する校務に関する事項について「連絡調整及び指導，助言に当たる」とされており，これらの相違点に留意する必要がある（学校教育法施行規則第44条第4項，第5項）。

指導教諭については，「児童の教育をつかさどり，並びに教諭その他の職員に対して，教育指導の改善及び充実のために必要な指導及び助言を行う」とされている（学校教育法第37条第10項）。

3. 組織マネジメントを生かした学校経営

このような校長をトップとする学校経営に組織マネジメントの発想を導入する提言は，すでに2000年12月の教育改革国民会議報告においてなされていた。この報告では，学校運営を改善するためには，現行体制のまま校長の権限を強化しても大きな効果は期待できないことを論拠に，学校に組織マネジメントの発想を導入し，校長が独自性とリーダーシップを発揮できるように，次の提言がなされていた。①予算使途・人事・学級編制などの校長の裁量権を拡大する。②教頭複数制を含む運営スタッフ体制を導入する。③校長の養成プログラムを創設する。④若手校長を積極的に任命し，校長の任期を長期化する。

ここで，組織マネジメントとは，一般的には，個人が単独では成就できない成果を達成するために，他人の活動を調整する一人ないしはそれ以上の人々による活動を意味する。特定の組織が設定する具体的目的に向かって，効率的・効果的に働くために，資源を統合し，調整することが可能となる。学校におけ

● 表6-1 組織マネジメントにおけるリーダーシップ (窪田, 2009, p.119)

リーダーシップのスタイル	期待される有効性
○ビジョンによるリーダーシップ 　明確なビジョンや目標を示し，そこにいたる道筋を明確にする	・環境変化が激しく，環境状況が不確実な場合にとくに有効である。
○環境整備によるリーダーシップ 　構成員が働きやすい仕事の仕組みや組織の構造・ルールづくりをする	・とくに大きな組織において，環境変化が激しく，環境状況が不確実な場合に有効である。
○コミュニケーションによるリーダーシップ 　率先垂範や指導など直接的な働きかけ，集団のまとまりや個々のメンバーのやる気をうながす。	・とくに小規模組織において，組織環境が安定している場合に有効である。

る組織マネジメントとは，学校内外の能力・資源を開発・活用し，学校に関与する人たちのニーズに適応させながら，学校教育目標を達成していく過程としてとらえることができる。組織マネジメント導入の主眼は，組織がその環境と適切に折り合いをつけながら，自ら変化し続けるところにある。学校経営実践の日常においては，唯一最善の正解よりむしろ，遭遇する状況の中で，一般解ではなく，特殊解を探索することが求められる。したがって，置かれた状況により，リーダーシップのスタイルも表6-1のように多様に変化することとなる。

　児童・生徒の成長と発達を支援するため，学校内外の関与者の期待と有機的につながった形で学校教育目標を達成させることが，組織マネジメントの目的である。したがって，学校運営に大きな影響力を与える要素・要因はすべて組織マネジメントの対象となる。ただし，学校に対して大きな影響を与えるものの，これを組織的に操作できない要素・要因についてはマネジメントの対象ではなく，「所与」として存在する「環境」ととらえられる。組織マネジメントの方法としては，いわゆるPlan（計画）→ Do（実施）→ Check（評価）→ Action（更新）というマネジメントサイクルの手法が用いられる。このような組織マネジメントに活用される資源としては，人的資源・物的資源・資金的資源・情報的資源・ネットワーク資源などが考えられる。

　では，このような組織マネジメントの考え方に基づき，学校経営を実践する場合，管理職に対してどのような役割が期待されるだろうか。基本的姿勢としては，まず「教育者としての使命感」をベースにもち，学校に期待される目的・目標を達成する「学校経営の責任者」としての役割が求められ，具体的には

以下の4つの役割が期待される（窪田，2009）。
①学校ビジョンの構築：学校教育目標の実現に向けて，学校の中期・短期（年度）双方の視点から，取り組むべき重点事項を明確に設定し，実現のシナリオを描く。
②環境づくり：学校教育目標の実現に向けて，学校内外の「人的資源」「物的資源」「資金的資源」「情報的資源」「ネットワーク資源」を最も効果的に活かすため，学校の組織づくりや環境整備を行なう。
③人材育成：学校の各種活動を通じて，自らと教職員の能力を向上させ，人としての成長を促進させる。
④外部折衝：学校の各種活動を効果的・効率的に進めるため，学校外部に理解を求め，外部との協働ネットワークを築く。

4．学校評価制度の導入

2007年の改正学校教育法では，その第42条（第49条，第62条に準用規定）で，学校は学校評価を行ない，第43条では情報提供義務を負うことが明記された。学校は，学校の「教育活動その他の学校運営の状況について評価を行い，その結果に基づき学校運営の改善を図るため必要な措置を講ずることにより，その教育水準の向上に努めなければならない」。さらに同法43条において，小学校は，「保護者及び地域住民その他の関係者の理解を深めるとともに，これらの者との連携及び協力の推進に資するため，当該小学校の教育活動その他の学校運営の状況に関する情報を積極的に提供するものとする」と規定された。これらの改正は，同年10月の学校教育法施行規則の改正に連なり，より詳細に規定されることとなった。同規則第66条は，学校は，学校の「教育活動その他の学校運営の状況について，自ら評価を行い，その成果を公表するものとする」「前項の評価を行うに当たっては，学校は，その実情に応じ，適切な項目を設定して行うものとする」としている。さらに，同規則第67条は，学校は，「保護者その他の学校関係者（当該学校の職員を除く）による評価を行い，その結果を公表するよう努めるものとする」とし，第68条は，学校は，自己評価および外部評価の結果を，学校の「設置者に報告するものとする」と規定している。

学校の自己評価の実施とその結果の公表については，小・中学校設置基準において努力義務化され，2002年4月より施行されてきた経緯がある。しかし，公立小中学校における自己評価の実施率は98パーセントを超えたものの，実施内容が不十分であり，評価結果の公表が進んでいないといった課題が残った。このような経緯の中で，2005年10月の中央教育審議会答申「新しい時代の義務教育を創造する」において，学校評価ガイドラインの策定の必要性が指摘され，文部科学省はこれを受ける形で，2006年3月に，「義務教育諸学校における学校評価ガイドライン」を策定し，学校評価の目的・方法・項目・指標・結果の公表等を示した。2008年度より，学校教育法改正に基づき学校評価制度が導入されるに際して，実際の取り組みに活用できるよう，上記の「学校評価ガイドライン」が改訂されるとともに，2008年3月には，この改訂ガイドラインの内容に準じて，「幼稚園における学校評価ガイドライン」が策定された。おもな改訂事項は，以下のとおりである（窪田，2009）。

1．新たに高等学校をガイドラインの対象としたこと
2．学校の事務負担の軽減を図るとともに，学校評価の取り組みがより実効性を高めるよう，次のようにあらためたこと
　・自己評価は，網羅的で細かなチェックとして行なうのではなく，重点化した目標を設定し，精選して実施する
　・児童・生徒，保護者対象のアンケート調査は，網羅的に行なうのではなく，重点目標に即した項目により行ない，自己評価に活用する
3．保護者による評価と積極的な情報提供の重要性，およびそれらを通じた学校・家庭・地域の連携協力の促進を強調したこと
　・「外部評価」を「学校関係者評価」にあらため，評価者に保護者を加えることを基本とする
　・「学校関係者評価」は，学校・家庭・地域の連携協力をうながすことを目的とする

　このような保護者や地域社会に開かれた学校評価の組織的実施により，その結果を学校が設置者に報告することで，設置者が学校に対して，人事・予算面で支援し，改善策を適切に講じることを期待する，そのような学校経営改革が推進されている。

5. 学校評議員制度と学校運営協議会制度

　中央教育審議会の，2005年10月の答申「新しい時代の義務教育を創造する」では，「21世紀の学校は，保護者や地域住民の教育活動や学校運営への参画等を通じて，社会との広い接点を持つ，開かれた学校，信頼される学校でなければならない」と提言され，学校評議員制度や学校運営協議会制度の積極的な活動を通じて，地域に開かれ，地域に支えられる学校づくりが推奨されている。

　学校評議員制度は，校長が保護者や地域の人々の意見を幅広く聴取するための仕組みである。この制度を活かすことで，地域や社会に開かれた学校づくりをいっそう推進し，学校が家庭や地域と連携協力しながら，特色ある教育活動を展開できると期待されている。この学校評議員制度については，1998年に出された中央教育審議会答申「今後の地方教育行政の在り方について」において，校長のリーダーシップのもと，「より一層地域に開かれた学校づくりを推進する」ため，その設置が提言されていた。本答申に基づき，2000年1月に，学校教育法施行規則等の一部改正が行なわれ，学校評議員の制度化にいたった。

　これより少し遅れて，2004年6月の「地方教育行政の組織及び運営に関する法律」が改正され，学校運営協議会制度（コミュニティ・スクール）が法制化されることとなった。学校運営協議会制度は，保護者や地域住民が，合議制の機関である学校運営協議会を通じて，一定の権限と責任をもって学校運営に参画し，よりよい教育の実現をめざすという，地域に開かれ，地域に支えられる学校づくりの仕組みである。各教育委員会が，学校や地域の実情も十分にふまえ，教育委員会規則で定めるところにより，所管する学校をコミュニティ・スクールに指定した場合，当該学校で学校運営協議会を設置することができる。

● ● ● ● ●　　　**読者のための推薦図書**　　　● ● ● ● ●

- 『ステップ・アップ学校組織マネジメント』　木岡一明（編）　2007　第一法規
- 『教育の制度と経営 四訂版』　葉養正明（編）　2008　学芸図書
- 『学校経営』　小島弘道（編）　2009　学文社

7章

欧米の学校と教育制度

　教育の歴史を紐解いていくと，学校というものがそれぞれの時代の支配的社会階層のニーズや権限誇示のために設立されてきたことがわかる。今日のわれわれがあたりまえのように考えているすべての国民に開かれ，国家が国民の教育に責任を負う公教育制度が誕生したのは，当時世界の最先端を歩んでいた大英帝国でも日本の学制発布に先立つわずか2年前の1870年，たかだか140年ほど前のことにすぎない。

　また，われわれ日本人が戦後アメリカの教育制度に倣って導入した6－3－3制の教育制度も，今日のアメリカの実際の教育制度とはだいぶ様相を異にしており，そのアメリカでは「教育の質」を高めるため国家をあげての教育改革努力が続けられている。われわれ日本の公教育制度の特質と課題を見極めるためにも，これら欧米の教育の歴史と実状を合わせ鏡にして考えていく必要があろう。

1節　ヨーロッパの学校の起源

1. 学校の起源

　学校（スクール）という言葉の起源は古代ギリシャ語で「ひま」を意味するスコレー（schole）であり，古代ギリシャのポリスの市民は，生活のための労働を奴隷にまかせ，自分たちは当時市民として要求された会話や討論の能力を磨く自由な時間をもつことができたという言説がある。そして，紀元前387年，その古代ギリシャのアテネ城外の地に哲学者プラトンが開いた学苑がアカデメイアであり，ここは，同志の者たちと対話し著述しながら哲学や弁証法の訓練を授けることができた，実在した世界最古の学校の1つである。この学校は，プラトンの死後も，スペウシッポス，クセノクラテス，ポレモン，クラテスといった人々に受け継がれ，紀元後529年まで千年近くにわたって存続したという（横尾，1978）。このアカデメイアが今日，学校を指す別称「アカデミー」の言葉の由来ともなっている。

また，古代ギリシャには男の子どもたちを軍事訓練するポリス国家の公的な教育も存在し，紀元前6世紀からスパルタで始まった教育革命は「スパルタ教育」として名を馳せている。スパルタのすべての男子は7歳以後20歳まで13年間野外や兵舎での集団軍事訓練に加わることが義務とされ，20歳で兵士となって国防の第一線に立ち，30歳までは家に帰ることも許されなかったという。アテネでも，紀元後4世紀ごろから衰退する国家の防衛を立て直すために18歳になった男子を兵舎に集めて2年間の体育と軍事教練を行なっていたようであるが，それもしだいに形式化し衰退していくのである（横尾，1978）。

　古代ギリシャ以降も文明の栄えるところ教育機関としての学校は存在し続け，権力者による公的な助成も増えている。たとえば，ローマ帝政期のウェスパシアヌス帝は年10万セステルシウスを国庫から支出して，当時の代表的な教育者クインティリアヌスに弁論術の欽定講座を担当させている（横尾，1978）。しかし，ローマ帝国が崩壊し，異民族の侵攻が相次いだ中世初期の混乱・荒廃期には教育は低迷し続けるのである。

2. 大学の誕生

　ヨーロッパの中世といえば，ローマ帝国が東西に分裂しヨーロッパに異民族国家が乱立する4～5世紀ごろからイタリア・ルネサンス期の14～15世紀までの1千年にわたる暗い封建時代をイメージするが，11～12世紀にも入ると全ヨーロッパで農業技術が進歩して生産が拡大，ヴェネツィアの東方貿易に代表される商取引も活発になって，人口増加と都市を中心にした新しい市民生活の息吹がみられたのである。一方で，教皇を頂点にしたキリスト教組織も整備され，国王による権力集中と官僚制の発展からも積極的な文書行政が必要となり，法律の知識とその研究が求められるようになってきた。さらには，十字軍の遠征を契機に東方からは，アリストテレス，ユークリッド，プトレマイオスなどの著作，ユスティニアヌス1世の編纂したローマ法大全などがもたらされ，新しい知識や世界観を希求する社会的要求も活性化していたのである。

　そのような中世ヨーロッパの社会情勢を背景に，世界最古の大学が1088年イタリアの交通交易の要の都市ボローニャに誕生した。ボローニャの地には8世紀ごろから公証人の法律学校が存在していたと思われるが，イルネリウス，

グラティアヌスといった法学者が輩出されるとヨーロッパ各地から広く学徒が集まり，中世都市に固有のギルドを結成した。本来，組合，結社，ギルドの意味を表わす普通名詞のウニウェルシタス（universitas）がいつの間にか大学（university）と同義語となったように，大学のメンバーは中世都市の商工業者のギルドと同様，メンバーの平等性を基本としながら共同の目的を果たし，自己規制しつつも対外的な主張を貫く組合のメンバーでもあった（横尾，1999）。

また，政治・経済の中心都市でもあり交通・文化要衝の地でもあるフランスのパリには，以前から大聖堂を中心に自由学芸や神学を教える教会系の学校が存在していたが，そこで当時最高の知識人であったアベラルドゥス，ロンバルドゥスが活躍を始めるとヨーロッパ各地の学徒がパリに参集して，1150年ごろには神学の学問ギルド，パリ大学を作りだしていった。

東方の学問や文化が流入する門戸にあたるイタリアのサレルノ，フランスのモンペリエといった地中海に面した都市には医学を学ぶ学問ギルドが成立し，12世紀末には隆盛を誇っていた。

13世紀には，これら中世都市の中に自然発生的に生まれた老舗の大学から，別の新しい大学が巣別れのように生まれていく。たとえば，ボローニャ大学からは1222年にパドヴァ大学が，パリ大学からは1229年にアンジェー大学が分派独立している。

また同時期，神聖ローマ皇帝であり，ホーエンシュタウフェン朝のドイツ王でもあるフリードリヒ2世は，イタリアに当時としては比類なき近代的官僚制国家を築くための一手段として，1224年ナポリ大学を創設し，ボローニャ，パリ両大学と同格の大学と宣言した。彼は，新しい政治や行政組織にとって大学ギルドが生み出す人材が有用不可欠であって，そうした人材を地元で養成する必要性を認識していたのである。この皇帝の先例に倣い今度は教皇が，南フランスの異端の撲滅を期して1229年，トゥールーズ大学を設立するのである（横尾，1999）。

13世紀末から14世紀にかけては，大学の設立に教皇や皇帝といった権力者の創設特許状が欠かせなくなり，すでに都市によって設立されていた老舗の大学もあらためて教皇や皇帝による認可を得ることになる。15世紀に入ると，教皇権の衰退の一方でナショナリズムが興隆し，各地方の封建君主や都市のイ

ニシアチブで大学の設立が進められていく。ことに16世紀の宗教改革以降は，大学の設立認可を教皇に求める伝統もしだいに崩れていくのである。

2節　イギリス公教育制度の成立

1. 社会階層と学校

　前節では，中世都市の一種のギルドとして出発した大学が，その社会的効用を認められ，人材育成機関として時の権力者である教皇や皇帝の認可をもって創設されるようになってきた経緯を辿ってきた。ことに15世紀に入ってからは，フランスのジャンヌ・ダルクの活躍に象徴されるようにヨーロッパ各国でナショナリズムが沸き起こり，16世紀の絶対主義王権の支配する統一国家の素地を準備するのである。

　16世紀以降のヨーロッパ各国の動きをすべて網羅的に把握するのはむずかしいので，これからイギリスに絞って公教育制度の確立までの歴史を追ってみよう。

　さて，先述の教師や学生の知的ギルドとして自然発生的に作られたボローニャ，パリ大学とほぼ同時期，パリ大学をモデルに1167年イギリスに創設されたのがオックスフォード大学である。そしてオックスフォードから巣別れする形で1209年にケンブリッジ大学が発足した（グリーン，1994）。

　14世紀半ば，ペストの流行で全ヨーロッパの人口の3分の1が失われた時代，聖職者の著しい不足を補うべくオックスフォード大学に1379年ニュー・カレッジを設立していたウィリアム・ウィッカム（William of Wykeham）は，ニュー・カレッジに接続する貧困学生のための学寮を開設した。これが，1382年創設のウィンチェスター校で，最初のパブリック・スクールとなった。続く1440年には，70名の貧しい少年たちに学問を施す目的をもって，ヘンリー6世がウィンチェスター校を手本にイートン校を設立した（田口，1978）。これらの学校は本来，貧しいけれど有能な男子学生にラテン語を無償で教える基金立のグラマー・スクールとして築かれ，おもに聖職者をオックスフォード，ケンブリッジ大学へと進学させるための予備学校であった。しかし，16世紀か

ら17世紀にかけて多くの富裕な商人や名望家の寄付による基本財産を基に，1509年セント・ポール，1551年シュルーズベリー，1571年ウェストミンスター，1562年マーチャント・テイラーズ，1567年ラグビー，1571年ハロー，1611年チャーターハウスといったパブリック・スクールが全国の主要な地域に設立されていくと，しだいに上流階級や富裕な商人，新興ジェントリー，ヨーマン階層の私費生が学ぶエリート寄宿校としての性格を強めていった（藤井，2001）。

17世紀から18世紀にかけてパブリック・スクールは，イギリスの富裕なエリート階層が学ぶ教育の場として定着をみせてはきていたが，その学校内部は喫煙，賭博，神の冒涜，性的非行など教師の指導もないまま生徒の恣意放縦にまかされている状態であった。19世紀に入って，1828年ラグビー校の校長に赴任したトマス・アーノルドは，「クリスチャン・ジェントルマン」の教育理念のもとに，学校をキリスト教主義の道徳観に基づく使命感と責任感を生徒に植えつける紳士教育の場とする改革を推し進めた（田口，1978）。アーノルド以降もパブリック・スクールを近代化する努力は続けられ，学校の課外活動としてクリケット，フットボール，ボートなどの団体スポーツ競技が生徒の人格陶冶をはかる手段として活用されるようになり，これらはパブリック・スクールの学校生活を語るに欠かせない1つの光景を形成するまでにいたった。

こうした上層中流階級のための学校が繁栄をみせる一方で，庶民および貧民に対する教育は18世紀にいたるまでほとんど顧みられることはなかった。イギリスの産業革命以前の1700年当初，国民のほぼ半数が貧困層といえる生活状況で，生計をまがりなりにも立てられた人々はその3分の1にも満たなかったという（鈴木，1978）。

この時期，多少なりとも授業料を払える貧民層の子どもたちには，デイム・スクール（dame school）という社会のもて余し者や近所のおかみさんが小銭稼ぎの手段として経営する学校があったが，とても学校の名に値する存在ではなかった。そんな中，慈恵主義の学校として貧民層の教育に貢献したのは，1698年に国教会牧師トマス・ブレイらが結成したキリスト教知識普及協会傘下の慈善学校であった。したがって慈善学校の目的は，7歳から12歳までの貧困層の子どもたちに聖書の教えをたたき込み，キリスト教の原理に基づいて謙譲・従順・勤勉などの徳行を体得させることにあった。1758年の統計による

と，イングランドとウェールズにおける慈善学校数は1,329校で，生徒数は23,421名にのぼったという（田口，1975）。

　イギリスで産業革命が起こった18世紀後半から産業都市を中心に広まった日曜学校は，文字通り週日に労働に従事する下層階級の子どもや成人に聖書を読むことを教え，勤勉と敬虔の習慣を身につけさせることを目的にしている。この日曜学校は，1780年代に1つの運動として最盛期を迎え，19世紀にかけての民衆の教育に大きな役割を果たしたのである（鈴木，1978）。ちなみに，1834年に工業都市マンチェスターでは43,304人の全就学児童中，53％にあたる23,185人が日曜学校で学んでいたという（田口，1975）。

2. イギリス公教育制度の成立と展開

　19世紀までのヨーロッパ，主としてイギリスの学校の歴史を通覧してわかるように，学校は基本的にそれぞれの時代の支配的な階級の再生産の手段として設立され，発展してきたといえる。それゆえ，今日のわれわれが常識的に学校教育の階梯と考えている初等教育，中等教育，高等教育という段階を歴史的に積み重ねて学校が発展してきたのではなく，まず中世社会の支配階級たる僧侶や都市の政治商業の支配層，勃興しつつあった封建領主層の知識需要にこたえる形で神学，法学，医学の大学が設立され，次にそれらの大学に進学するための予備学校として，現在の中等教育相当のパブリック・スクールが発展してきたのである。一般庶民や貧困層のための生活上の基礎知識を授ける初等教育は，キリスト教による大衆教化の手段として，あるいは貧困救済の慈善として以外はほとんど顧みられることがなかったのである。

　しかし産業革命を経た後のイギリス社会では，いっそうの階級分化が進んで貧富の格差が一国の政治社会基盤を揺るがすまでの危機的様相を示し始めていた。こうした中，1833年初等教育に毎年2万ポンドの国家支出を実施し，1839年には枢密院教育委員の設置，1840年視察制度の導入と調査委員会の設置など国家もしだいに国民一般子弟の教育への関与を深めてきた。そしてついに1870年，グラッドストーン自由党内閣のもと，イングランドとウェールズに公立の小学校教育を提供する1870年教育法が成立したのである（鈴木，1978）。

フォスター教育法とよばれる同法によって地域に学校委員会（school board）を置き，地方税を徴収して教育に必要な財源を確保することができるようになった。また学校での宗教教育についても，クーパー・テンプル条項として知られる妥協案によって，特定宗派の宗教の教授は認められないものの，公立小学校での非宗派的宗教教授の実施を各学校委員会の判断にゆだねることとなった。

　1870年教育法交付以降，公立学校の運営や監督のための教育行政機構の整備も順次進められ，1899年にはイギリスの中央政府にあった教育局，学芸局，慈善委員会などを統合して教育院を新設，1902年教育法により学校委員会を廃止してその権限を地方教育当局（Local Education Authority）に移譲し，地方自治体が他の社会政策と関連づけながら教育施策を推進できるようにした。フィッシャー法とよばれる1918年教育法の制定は，公教育制度の1つの完成といわれ，15歳までの無償義務教育の基本が定められた。

　この後も，教育を広く国民に解放しようとの運動が労働組合，教員組合，進歩主義者たちによって進められ，1943年当時の教育院長官バトラーが『教育改造に関する白書』で宣言した「国民の福祉のための教育」がバトラー教育法との別称で知られる1944年教育法で具体化されるのである（田口，1975）。すなわち，初等教育段階から庶民大衆のための教育と少数特権階級のためのエリート教育とに画然と分けた複線型教育制度に代えて，5歳から15歳までの義務教育期間のうち，5歳から11歳までの初等段階は国民共通の統一的初等教育を施し，「イレブン・プラス・テスト」と称する11歳時の共通テストで11歳以降の中等教育への進路を分ける分岐型教育制度を導入したのである。子どもたちは11歳の時点で実施されるテストの結果によって，15歳の義務教育期間終了で教育を完了するモダン・スクール，義務教育期間終了後にもさらに上級学校で職業訓練を受けるテクニカル・スクール，大学進学へとつながるグラマー・スクールといった3つの中等教育の学校系統に分かれて進学していく。

　この分岐型教育制度の導入は，歴史的伝統的に国民が社会階級によって分断されてきたイギリスをはじめとするヨーロッパ社会では画期的な民主化路線であったが，アメリカなど単線型教育制度を採用している国からすると上層中流階級のためのエリート・コースの温存と民主化との妥協の産物でしかなかった

● 表7-1　ヨーロッパ諸国の中等教育三分岐システム

	イギリス	ドイツ	フランス
就職コース	モダン・スクール	ハウプト・シューレ	コレージュ
職業科進学コース	テクニカル・スクール	レアル・シューレ	職業リセ
大学進学コース	グラマー・スクール	ギムナジウム	リセ

● 表7-2　義務教育後後期中等教育への進学率（文部科学省，2009等より作成）

	1975年	1980年	1985年	1990年	1995年	2000年	2005年
日本	91.9	94.2	94.8	96.0	97.2	97.8	97.9
アメリカ	97.2	96.0	93.9	92.2	89.8	88.6	92.1
ドイツ	50.7	52.5	95.9	96.1	97.9	98.2	96.6
フランス	67.4	73.3	78.6	84.7	88.9	97.3	96.0
イギリス	27.0	31.0	49.1	61.8	69.4	86.2	89.3

● 表7-3　高等教育への進学率（全日制）（文部科学省，2009等より作成）

	1975年	1980年	1985年	1990年	1995年	2000年	2005年
日本	38.4	37.9	39.8	38.2	47.5	49.8	54.4
アメリカ	45.2	49.8	43.8	45.0	47.0	47.7	53.2
ドイツ	19.8	21.6	19.7	33.3	30.5	33.2	37.1
フランス	24.1	26.4	29.8	38.0	46.0	41.0	41.0
イギリス	20.3	20.7	22.9	32.1	65.5	63.1	62.6

であろう。

　第2次大戦後しばらくはイギリスのほか，ドイツ，フランスでも表7-1のように，国民共通の初等基礎教育後の中等教育は，歴史的に根深い社会の階層性を反映した3つの学校系統に分かれた教育制度を取っていた。しかし，戦後の世界の教育機会均等化の趨勢に乗って，イギリスは総合性中等学校の創設と拡充，ドイツおよびフランスは大学進学コースであるギムナジウムやリセの拡充という形で，国民によりいっそう開かれた単線型教育をめざす方向で教育改革が進められてきた。その機会均等化のプロセスは表7-2の各国の後期中等教育への進学率によって示される。義務教育後の後期中等教育への進学率は，戦後単線型教育制度を取ってきた日本やアメリカでは一貫して9割を越えているのに対し，イギリスでは1980年まで3割台，ドイツやフランスでも5〜7割にとどまっている。表7-3の高等教育への進学率にいたっては，1985年まで日米の進学率のおよそ半分の水準に低迷していたのである。

3節　アメリカの教育制度と教育改革

1．アメリカの教育制度の現況

　われわれ日本人は，戦後アメリカの教育制度をモデルに6－3－3制の単線型教育制度を導入したのであるから，日米の教育制度は基本的に同じであると信じている。しかし戦後半世紀以上の時を経て，互いの国の教育制度および学校の姿は似て非なる様相を示してきているのである。その現状とアメリカで続けられてきた教育改革の動きをみていこう。

　アメリカ合衆国憲法修正第10条「本憲法によって合衆国に委任されず，また各州に対して禁止されていない権限は，各州それぞれにあるいは人民に留保される」（大下ら，1989）に基づき教育の権限が州にゆだねられているということは周知のことであるが，実際に教育の行政や運営にあたっているのは全米に1万5千ほど存在する学区であり，その学区ですらも担当する地域の教育の

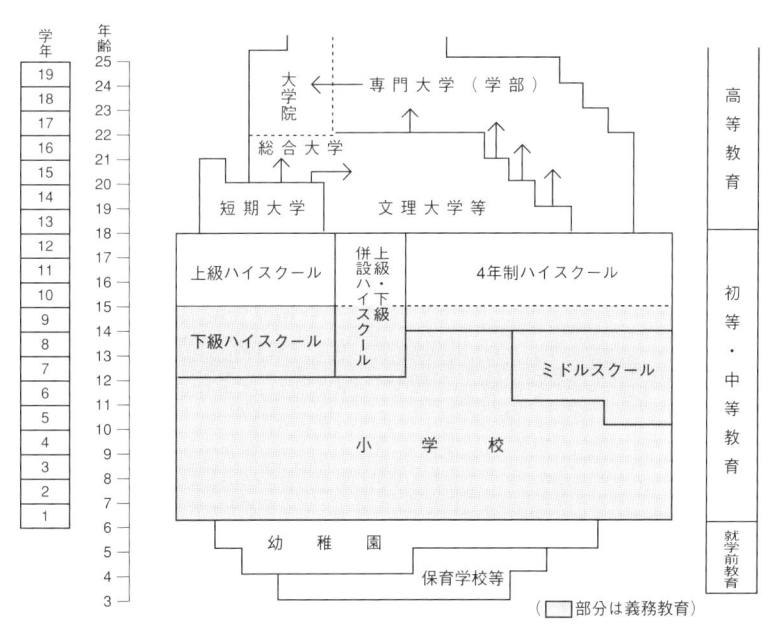

● 図7-1　アメリカ合衆国の学校系統図（文部科学省，2009）

全体像を把握していないのが現状である。そして日本人の常識からは考えられないほどに，教育制度が各学区ごとに違っているのである。たとえば，筆者が長期滞在していたニューヨーク州バッファロー市郊外のウィリアムスビル学区では，小学校4年，ミドル・スクール4年，ハイ・スクール4年の4－4－4制なのに対し，隣のケンモア学区では5－3－4制，バッファロー市の学区にいたっては，幼稚園から小学2年生相当までが小学校，第3学年から第12学年までが特定の教科（理科等）や才能教育（芸術関係）に特化したマグネット・スクールという小・中・高一貫の教育制度になっていた。

　学区によって教育制度の大枠でさえ違うように，教育財政も学区ごとに大きく異なる。教育財政のおもな収入源は各学区の住民が所有財産に応じて支払う学校税であるから，豊かな地域ほど教育財源も豊富で，児童・生徒一人あたりの教育費も教員の給与も高くなる。先の学区例でいうと，貧困層の多いバッファロー市街地の教員給与は富裕層の多いウィリアムスビル学区の3分の1で，常に適格教員が不足しているのに対し，ウィリアムスビル学区のあるミドル・スクールで教員を公募したところ1つのポストに1,200人が応募してきたという。こうした例に端的に示されるように，「アメリカの教育」「○○州の教育」と一概に叙述することはむずかしいが，表7-4および表7-5のように州や地域の多様性や変化を統計的な数値で概略的に示すことはできる。

　教育制度および教育財政にみられた学区の独立性は，教育内容においても変わらない。それぞれの教科目について学区の教育事務所の専門家と各学校の教

● 表7-4　公立小・中学校の州別財源割合 （2005-06年度）

（National Center for Education Statistics, 2009 より作成）

	連邦政府	州	学区
合衆国平均	9.1％	46.5％	42.1％
ハワイ	8.3	89.9	0.9
ニュー・メキシコ	14.5	71.2	12.7
アラバマ	12.0	55.9	27.5
カリフォルニア	10.8	59.3	28.9
テキサス	12.0	33.8	52.0
バージニア	6.7	39.6	51.7
バーモント	7.6	85.6	5.3
ニュー・ハンプシャー	5.5	39.2	53.2

● 表7-5 公立小・中学校教員年間平均給与

〈National Center for Education Statistics, 2000, 2008より作成〉

	1979-80年度	1998-99年度	2006-07年度
合衆国平均	$15,970	$40,582	$50,816
サウス・ダコタ	$12,348	$28,552	$35,378
テキサス	$14,132	$35,041	$44,897
バージニア	$14,060	$37,475	$44,727
ニュー・ジャージー	$17,161	$51,193	$59,920

科担当教員とが共同して，日本の指導要領にあたる教科概要と教師用手引き，生徒の自主学習用シートなどが一体となった教科ごとの指導マニュアルを作成し，各教師はマニュアルを参考に，そこに例示されている教材をも活用しながら授業を進めている。財政豊かで規模も大きな学区では，教科ごとの専門家の層も厚く，立派なマニュアルと体系だった指導体制も構築されるが，貧しく小さな学区では教育内容・指導体制ともに貧弱なものとなる。こうした学区にゆだねられ，放縦化した教育内容のレッセ・フェール状態に歯止めをかけようと湧き起こった試みの1つが，80年代の教育改革の動きであるともいえる。

2. いまだに続く「教育の質」を高める教育改革

1983年に「優れた教育に関する全国審議会」よりベル教育長官に提出された「危機に立つ国家（A Nation of Risk）」と題する報告書が80年代から90年代をとおして今日までも続くアメリカの教育改革の契機となったことは，多言を要しない。この教育改革で方向づけられた基礎基本への回帰（back to the basics）の中で，アメリカの学校教育が本来めざしていた人格形成（character development）（Butts, 1955）の理念があらためてよび起こされ，90年代からは道徳教育にも熱心な取り組みが続いている。

ところで，教育改革の引き金を引いた「危機に立つ国家」においては，アメリカの教育の質が国家を危機に陥れるほどに低落しており，まずはハイスクールの基礎科目の卒業要件を強化するよう求めている。具体的に報告書では，標準的な4年制ハイスクール卒業時までに生徒は，基礎科目の英語（国語）を4年間，社会科3年間，数学3年間，理科3年間，外国語を2年間それぞれ履修するよう勧告していたが，この点に関しては表7-6のように着実に改善をみせ

● 表7-6　ハイスクール生徒の卒業年次別履修単位数

(National Center for Education Statistics, 2007より作成)

卒業年	英語（国語）	社会	数学	理科	外国語	計
1982年	4.0	3.2	2.7	2.2	1.1	13.2
2004年	4.3	3.9	3.6	3.2	2.0	17.0

てきている。

　このように，80年代は学力の向上を国是として各州がハイスクールの卒業要件の強化，通学日数の増加，教員の待遇改善とメリット・ペイ制の導入など種々の施策を実施し，学校教育にアカウンタビリティーを厳しく問う教育当局や世論の圧力は一時的に生徒たちの行動の引き締めにも効果をもたらした。表7-7はドラッグやアルコールなどの不法・逸脱行為に手を染めた青少年の割合を示したものであるが，1990年初めには青少年の不法ドラッグ使用行為が一時低下し，2006年にはまた上昇していることがわかる。

　1980年代末にはまた，ソ連，東欧諸国の共産主義体制の崩壊という冷戦以来続いてきた東西対立図式の終焉とともに，インターネットなどの急速な普及による市場経済のグローバリゼーションが進展し，情報化にも対応する教育の質の向上が国家戦略の重要な課題ともなってくる時期である。

　こうした流れの中で，「教育大統領」とよばれることを望んだ第41代ブッシュ大統領は，1989年バージニア州のシャーロッツビルに全米の州知事を集めて教育サミットを開催し，全国的な教育目標の設定とすべての子どもたちの学力向上のために州や産業界の指導者から両親にいたるまであらゆる関係者の教育へのかかわりの奨励を確認した。このサミットの合意を国家的教育目標にま

● 表7-7　不法行為青少年の割合

(National Center for Education Statistics, 2009より作成)

	1985年	1995年	2006年
不法ドラッグ	20.7	18.0	19.6
大麻	16.7	14.2	13.2
コカイン	3.4	1.7	1.6
アルコール	52.7	35.1	32.9
煙草	29.9	26.6	7.0

とめ，1990年に「2000年のアメリカ―教育戦略（America 2000：An Education Strategy）」が採択され公表された。1989年のシャーロッツビル・サミットには1人の州知事として参加していたビル・クリントンは，大統領当選後もブッシュ政権のこの施策を継承し，1994年にいくぶん内容と名称を変えて「2000年の目標―アメリカの教育法（Goals 2000 : Educate America Act）」を制定したのである。

「2000年の目標」には，就学前教育の充実，高校卒業率の最低90％までの引き上げ，第4学年・第8学年（ミドル・スクール卒業該当年）・第12学年（高校卒業年）終了時点で各教科内容の修得の証明，数学と理科の学力で世界一になる，教師の専門技術および知識の高揚といった従来型の教育の充実と成果を強調する目標に加え，子どもばかりか成人にも責任ある市民性の涵養を求め，学校にはドラッグ・暴力・武器・酒のない秩序だった環境を提供し，子どもの社会性の育成に関与する親とのパートナーシップの確立をうながしている（U.S. Department of Education, 1996）。

こうした目標達成のために連邦政府は，1994年に9,240万ドル，95年3億6,187万ドル，96年3億3,970万ドル，97年4億7,600万ドルの予算を組んでいるが，実際の教育の重点目標の設定や事業の策定，プログラムの実施はすべて州や地方教育委員会の主体的運営に任されており，上記連邦政府の目標がそのまま実現へと結びついているわけではない。

1994年に成立した上記「2000年の目標―アメリカの教育法」が各州や地方当局の自主的な教育改革を支援するため地方に大幅な自由裁量を与えたのに対し，連邦政府の施策を具体的な教育プログラムをとおして実施に移す補完的教育法が必要となって，新たに1965年施行の初等中等教育法の改訂版「1994年アメリカ学校改革法」を公布することになった。1994年10月20日に同法の発布のための大統領署名式典がマサチューセッツ州フラミンガム高校で行なわれた時のクリントン大統領の演説にその法律の趣旨が述べられている。大統領は同法に関してとくに，統合教育の推進，学校の安全性の確保，キャラクターエデュケーションの開発といった3つの特質を強調している（U.S. Department of Education, 1994）。

思いやりある保守主義を掲げ教育改革を最優先課題として当選した共和党の

第43代ブッシュ（41代の息子）大統領は，2001年に就任すると早速「落ちこぼれを作らない法（No Child Left Behind Act of 2001）」を議会で成立させ，連邦政府の教育助成を大幅に増加させた。連邦政府の教育予算全体は2001年の422億ドルから544億ドルへの増加だが，同法の成立によって関連教育予算は同時期174億ドルから244億ドルへと40.4％の増加を示している。

　教育予算の増加に応じ教育の成果もあげてきているようで，2005年に連邦教育省が提出した報告書では，
・過去5年間における9歳の読解力は，その前の28年間分以上の進歩を示した。
・9歳の子ども学力は読解・算数ともに1973年以来の最高点を示し，13歳の数学得点は歴史上類を見ない高さである。
・9歳の人種間の学力の得点差はこれまでになく僅少となっている。
などの成果を強調しているのである（U.S. Department of Education, 2007）。

　こうした連邦教育省による教育成果の報告に対しては，各州で成果を測定するため実施している標準テストの基準を下げて得点の上積みを図っているのではないか，テスト得点をあげることに特化したカリキュラムの偏狭性が強まってきているのではないかなどの疑惑や問題点が指摘されている。2009年に共和党からの政権交代を果たした民主党のオバマ大統領は，この「落ちこぼれを作らない法」の基本的な教育改革路線を引き継ぎつつも，上述の問題点を解決する方途を探っているのである。

読者のための推薦図書

● 『大学の誕生と変貌―ヨーロッパ大学史断章』　横尾壮英（著）　1999　東信堂
● 『エリート教育』　橋本伸也・藤井泰・渡辺和行・進藤修一・安原義仁（編著）　2001　ミネルヴァ書房

8章
カリキュラムと指導
（教育内容）

　学校において、子どもたちは何を学ぶのか。子どもたちにとっては、学校生活全体が学びの場であり、学校は、知・徳・体の全体にわたって、いわば全人的な学びを体験する場なのである。

　したがって、子どもたちが学習する内容は、学校生活全体においてふれるすべての環境あるいは対象であるといえるが、学校においては一定のカリキュラムのもとに計画的な指導がなされる。子どもの教育にとって、学校でどのような内容が計画的に指導されるのかは、国民の大きな関心事であり、また、これからの教育のあり方を考える上においてもきわめて重要なことがらである。

　教育研究においては、教育内容にかかわってさまざまな視点から研究がなされるが、わが国の学校におけるカリキュラム研究を行なうには、まず、学習指導要領そのものについての検討が不可欠である。

　本章では、まず、カリキュラム編成にかかわる法的規定を確認しながら、とくに課題となる道徳教育を取り上げ、その内容について具体的にみていくことにしたい。

1節　学校のカリキュラム編成にかかわる法的規定

　カリキュラムの編成を、法律では、教育課程の編成と表現する。わが国では、教育は日本国憲法の理念の実現を担うものとして重視され、学校は公の性格をもつものである（教育基本法の第6条）ことから、学校で指導する内容についても、法的な規定が設けられている。

1. 教育基本法

　まず、教育基本法であるが、改正教育基本法においては、教育の目的（第1条）、教育の目標（第2条）をはじめ、義務教育（第5条）、学校教育（第6条）、幼児期の教育（第11条）、学校、家庭及び地域住民等の相互の連携協力（第12

条）等について述べられている。これらは当然に学校におけるカリキュラムに反映される。

　ここでとくに留意しておきたいのは，教育の目的である。第1条で教育の目的は人格の完成にあることを示している。第2条では，その人格の完成をめざす教育においては知徳体を調和的に養うことと，その基盤となる人間としての生きる姿勢（態度）として求められる道徳性の育成をあげている。そして第11条では，幼児期から人格の基礎づくりを重視し，第3条では，生涯にわたって人格を磨き豊かな人生が送れるような学びができる社会を創っていくことを提唱している。

2．学校教育法

　次に，学校教育法には，義務教育及び各学校段階の目的及び目標が掲げられている。「第2章　義務教育」においては，第21条で，「1　学校内外における社会的活動を推進し，自主，自律及び協同の精神，規範意識，公正な判断力並びに公共の精神に基づき主体的に社会の形成に参画し，その発展に寄与する態度を養うこと」など10の目標が示されている。

　そして，「第4章　小学校」では，第30条の第2項で「生涯にわたり学習する基盤が培われるよう，基礎的な知識及び技能を習得させるとともに，これらを活用して課題を解決するために必要な思考力，判断力，表現力その他の能力をはぐくみ，主体的に学習に取り組む態度を養うことに，特に意を用いなければならない」とする。さらに第31条で，「児童の体験的な学習活動，特にボランティア活動など社会奉仕体験活動，自然体験活動その他の体験活動の充実に努めるものとする」と明記している。そして，第33条で「小学校の教育課程に関する事項は，第29条及び第30条の規定に従い，文部科学大臣が定める」となっている。これらは中学校に準用される（第48条，第49条）。

3．学校教育法施行規則

　そして，具体的な教育課程については，学校教育法施行規則に示される。小学校であれば，「第2節　教育課程」の第50条に「小学校の教育課程は，国語，社会，算数，理科，生活，音楽，図画工作，家庭及び体育の各教科，道徳，外

国語活動，総合的な学習の時間並びに特別活動によって編成するものとする」となっている。

そして，第51条では，「小学校の各学年における各教科，道徳，外国語活動，総合的な学習の時間及び特別活動のそれぞれの授業時数並びに各学年におけるこれらの総授業時数は，別表第一に定める授業時数を標準とする」とし，第52条で「小学校の教育課程については，この節に定めるもののほか，教育課程の基準として文部科学大臣が別に公示する小学校学習指導要領によるものとする」と示されている。

4. 学習指導要領

「小学校学習指導要領」には，総則の一番目に，「各学校においては，教育基本法及び学校教育法その他の法令並びにこの章以下に示すところに従い，児童の人間として調和のとれた育成を目指し，地域や学校の実態及び児童の心身の発達の段階や特性を十分考慮して，適切な教育課程を編成するものとし，これらに掲げる目標を達成するよう教育を行うものとする」と明記されている。すなわち，カリキュラムの編成は各学校が責任をもって行なうものであること。その際，以上のような法令及び学習指導要領に従わなければならないということである。

2節　学習指導要領の運用上の規定

では，学校現場に最も影響を与える学習指導要領は，その運用においてどのような規定がなされているのだろうか。次にみていきたい。

1. 学習指導要領は教育課程の最低基準

まず，学習指導要領は，学校で教える教育課程の最低基準であるということである。文部科学省では，学習指導要領は「全国的に一定の教育水準を確保し，全国どこにおいても一定水準の教育を受ける機会を国民に保障する」ものであり，「国民として共通に身に付けるべき学校教育の目標や内容を示した国の基

準」であるとしている。だから，各学校においては，「地域や学校の実態および児童（生徒）の心身の発達段階や特性を十分に考慮して」それらの指導の徹底を図らなければならないのである。

そのうえで，学習指導要領の総則には，「学校において特に必要がある場合には，第2章以下に示していない内容を加えて指導することができる」と示されている。ただし，「第2章以下に示す各教科，道徳，外国語活動（小学校のみ）及び特別活動並びに各学年の目標や内容の趣旨を逸脱したり，児童（生徒）の負担過重となったりしないようにしなければならない」（（　）内は筆者による）としている。

2．弾力的運用

さらに，学習指導要領には，各学校の創意工夫が発揮できるようさまざまな弾力的運用に関する記述がみられる。

(1) 内容の指導における弾力化

総則には，内容の記述の順序は「特に示す場合を除き，指導の順序を示すものではない」とし，各学校の創意工夫を求めている。また，目標および内容を2学年まとめて示す教科を多くし，その場合の指導は，「2年間を見通して計画的に指導することとし，特に示す場合を除き，いずれかの学年に分けて，又はいずれの学年においても指導するものとする」としている。さらに，総則は，各学校において，指導内容の「まとめ方や重点の置き方」の工夫，「合科的・関連的な指導」の工夫を求めている。

(2) 時間割における弾力化

各教科等の授業時数は，学校教育法施行規則に示される。授業は，「年間35週（小学校第1学年については34週）以上にわたって行うよう計画する」ことが義務づけられている。しかし，「効果的な場合には，これらの授業を特定の期間に行なうことができる」ことや，1単位時間も年間授業時数を確保する中で弾力的に設定できることが示されている。各学校において時間割を多様に工夫できるのである。

(3) 指導方法における弾力化

総則には，指導方法における創意工夫が強調されている。とくに「体験的な

学習や問題解決的な学習」,「児童(生徒)が学習課題や活動を選択したり,自らの将来について考えたりする機会を設ける」こと,「個別指導やグループ別指導,繰り返し指導,学習内容の習熟の程度に応じた指導,児童(生徒)の興味・関心に応じた課題学習,補充的な学習や発展的な学習を取り入れた指導,教師間の協力的な指導など」の工夫を行ない「個に応じた指導の充実を図る」ことが求められている。

また,家庭や地域の人々の参加・協力も提案されている。そして,「小学校間,幼稚園や保育所,中学校及び特別支援学校などとの間の連携や交流を図るとともに,障害のある幼児児童生徒との交流及び共同学習や高齢者などとの交流の機会を設ける」ことなどが求められている。それらを具体化することによって,多様な授業の展開ができるようになっているのである。

3節 新学習指導要領の特質と内容

学習指導要領は,およそ10年ごとに改訂される。幼稚園教育要領と小学校学習指導要領,中学校学習指導要領は,2008(平成20)年3月に改訂され,高等学校学習指導要領と特別支援学校教育要領・学習指導要領は,2009(平成21)年3月に改訂された。

今回の改訂は,ことのほか重要な意味をもつ。それは,わが国の教育の基本的方針を示す教育基本法が,2006(平成18)年12月に,59年ぶりに改正されて最初の学習指導要領の改訂だからである。つまり,改正教育基本法において,戦後すぐに制定された教育基本法の理念に基づく教育が展開されてきた今までの教育を再検討し,人類がかつて経験したことのない未曾有の社会的・環境的変化に対応できる教育のあり方が提案された。それを,学校教育の最も根幹にある教育課程の中にいかに具体化していくかを提案したのが,今回の新学習指導要領なのである。

そこで,本稿では,改正教育基本法が提案するこれからの学校教育に求められる事柄について明らかにし,そのことが新学習指導要領においてどのように具体化されているかをみていくことにする。

1. 改正教育基本法が強調する学校教育のあり方

　改正教育基本法で示された学校教育のあり方とはどのようなものなのか。大きく次の点を指摘できる。

(1) 人格の形成・錬磨

　改正教育基本法で最も強調されているのは,「人格の形成・練磨」をめざした教育である。それは,人格という言葉が3か所で使われていることからも理解できる。第1条（教育の目的）では,旧教育基本法と同様に「教育は人格の完成をめざし」と明記されている。また,新しく加えられた第3条（生涯学習の理念）では,「国民一人一人が,自己の人格を磨き,豊かな人生を送ることができるよう」教育の充実を図らねばならないことが記されている。そして,これも新しく加えられた第11条（幼児期の教育）では,「幼児期の教育は,生涯にわたる人格形成の基礎を培う重要なものである」と示されている。

　これからの教育において,人格の形成・練磨は,国民一人ひとりが一生かかって追い求める課題であり,その基礎となる教育を幼児期から充実させ,小学校,中学校,高等学校と積み重ねていけるようにすることを求めているのである。

(2) 人格の基盤としての道徳性の育成

　そして,第2条（教育の目標）には,人格の形成をめざした教育を行なううえでの具体的目標として,5項目があげられている。1号は,「幅広い知識と教養を身に付け,真理を求める態度を養い,豊かな情操と道徳心を培うとともに,健やかな身体を養うこと」となっている。知・徳・体を調和的に養っていくことと捉えられる。

　そして,2～5号は,共通して「‥‥態度を養う」となっている。人間としてあるいは日本国民として求められる生き方や身につけるべき態度が示されているが,それは道徳的諸価値と捉えることができる（なお,これらの内容は,学習指導要領の「第3章　道徳」の「第2　内容」と多くが符合している）。

　すなわち,人格の形成は,知・徳・体の調和的発達を,人間としてどう生きるかという道徳的価値意識の育成を土台として取り組まれることによって行なわれることを示している。人格の基盤である道徳性の育成がすべての教育活動においてたいせつなことを述べていると捉えられる。

教育基本法の制定時に，当時の文部大臣田中耕太郎が執着した人格の意味が，ここにおいて明確に示されたということができる。文部省（文部科学省）が発行してきた『小学校（中学校）学習指導要領指導書（解説書）　道徳編』では，以前から人格の基盤としての道徳性という表現を用いており，その道徳性の育成を計画的・発展的に行なうのが道徳教育であるという説明を行なっている。そのことを改正教育基本法で明確にしたと捉えられる。

(3) 社会的自立と生活規律の重視

　さらに，改正教育基本法では，学校の役割として次のことを求めている。

　まず，第5条（義務教育）では，「各個人の有する能力を伸ばしつつ社会において自立的に生きる基礎を培い」と示されている。戦後の教育において，義務教育は，一人ひとりの個性（能力）を伸ばすことを重視してきた。それはたいせつなことであるが，個性伸長が同時に社会的自立へと結びつかなければけないということである。つまり，自分の個性を伸ばしていくことは，社会（周りの人々）から認められ，社会（周りの人々）の役に立てる形で実感できることがたいせつなのである。

　さらに，第6条（学校教育）においては，「教育を受ける者が，学校生活を営む上で必要な規律を重んずる」と記されている。今日，規範意識の育成が叫ばれているが，改正教育基本法では，子どもたちが「学校生活を営む上で必要な規律を重んずる」と書かれていることに注目する必要がある。つまり，子どもたち一人ひとりが協力しながら，充実した楽しい張りのある学校生活が送れるようにしていくうえで，約束事をしっかり守って，秩序ある生活ができるようにしていくことがたいせつだという捉え方である。

　まず，求めているのは，子どもたちみずからが学校生活を豊かに送るための自治能力の育成である。その中で，子どもたちみずからがきまりや秩序のたいせつさを自覚し，規律を重んじた生活ができるようにしていこうというのである。それは，第5条（義務教育）において確認した，個性の伸長と社会的自立を一体化した指導の具体的な姿であり，子どもたちの人格形成において基本となる生活態度であるといえよう。

(4) 生涯学び続けようとする学習意欲の喚起

　また，第6条（学校教育）では，「自ら進んで学習に取り組む意欲を高める

ことを重視して行なわれなければならない」と明記されている。授業においては知識や技能の育成もたいせつであるが，一番重視しなければならないのが学習意欲であることが示されている。

　では，その学習意欲をどのように捉えればよいのか。学習意欲は，学校生活を送るうえにおいて求められるだけではない。人間は一生学び続けるのである。学習意欲の基になるものは，生涯追い求められるものであり，かつ人間としての成長をめざすものであることが重要である。それは，人格の追究である。そのことが，先にみた改正教育基本法の第3条（生涯学習の理念）に明記されていたのである。

　人格形成の基盤づくりをする学校教育においては，学習することを，単なる知識や技能の習得ではなく，豊かな人格を形成していくため，つまり道徳性を豊かに身につけ，知・徳・体の調和的発達を図っていくため，という視点から捉え，意欲づけていくことが求められるのである。そのためには，全教育活動における道徳教育の充実が不可欠となる。

(5) 学校・家庭・地域連携

　さらに，改正教育基本法は，これからの教育のあり方において，学校と家庭，地域の連携を強調している。新しく加えられた第10条（家庭教育）は，「父母その他の保護者は，子の教育について第一義的責任を有するものであって」と示されている。次世代を担う子どもの教育については，大人全員に責任があるが，最も責任が課せられるのは，父母及び保護者である，ということが法律に明記されたのである。

　そして，これも新しく加えられた第13条（学校，家庭及び地域住民等の相互の連携協力）は，「学校，家庭及び地域住民その他の関係者は，教育におけるそれぞれの役割と責任を自覚するとともに，相互の連携及び協力に努めるものとする」と記されている。これからの教育は，家庭教育の充実がまず求められる。そのうえで，学校と家庭と地域がしっかりと連携しながら，それぞれの役割と責任を自覚し，それを果たしていく形で推進することを求めている。

　そういう教育を推進するうえで，何が中核になるのかといえば，道徳性の育成である。生活する場全体において，相互に心を通わせながら，人間としてしっかり生きることにかかわって互いに知恵を出し合い学習していくコミュニテ

ィを，学校，家庭，地域が協力しながらつくっていくことが求められていると捉えられる。

　人格の形成は，子どもだけの問題ではない。また，学校だけの問題でもない。生きている人間全体の課題であり，生活する場全体において取り組まねばならないものである。そのことに，これからの学校がどうかかわっていくかが問われる。具体的には，人格の基盤となる道徳性の育成に，教育の専門的組織である学校がコーディネート的役割を果たしながら，学校，家庭，地域がいかに連携・協力して取り組んでいくかがポイントであるといえるのである。

(6) 伝統を継承し新しい文化の創造をめざす教育

　これからの教育においては，伝統と文化が強調される。改正教育基本法においても強調されている。文化は，人々が共同生活をする中で自然と培われてくるものである。そこには，自然環境や地理的条件，物理的条件などさまざまな要因が影響するが，当然それらは，より快適な共同生活ができるように，またみんなが健やかに生きられるようにという願いのもとに，具体的な形に表わされたり，習慣化されたりしたものだといえよう。それがずっと受け継がれていくと伝統ということになる。伝統や文化をたいせつにするとは，その地域に住み生活してきた人々の思いや願いを共有するということでもある。

　その場合，大きな役割を果たすのが言葉である。言葉によっていろいろなことを伝え，創り，情報交換をし，共通理解を深めていくことができる。そういう意味では，土着の言葉を共有している人々が共通した文化を共有しているといえる。

　教育の役割とは何か。シュプランガー (Spranger, E) は，教育の機能として，「発達の援助，文化財の伝達，良心の覚醒」を指摘した。良心の覚醒を中核としながら，発達の援助と文化財の伝達がたいせつだというのである。

　ここでいう文化財の伝達とは，受け継がれてきたよき文化や伝統を享受し，身につけ，それをさらに発展させながら次の世代に伝えていくことでもある。学校で学ぶものは，すべて文化と関係がある。学習することは，自分のためだけではなく，今まで脈々と受け継がれてきた文化を身につけ（それは昔の人々と文化を共有することでもある），享受し，伝え，発展させることでもある。

　それは，わが国の文化を外国の人々にも伝えていこうとしたり，外国の文化

や伝統を知ろうとする心とつながってくる。外国の人々もそれぞれの文化をも身につけている。そのことに学び交流を深めていく。その中に共通するものを見つけると、より心の交流を深めることができ、互いを尊重することができる。なぜなら、伝統や文化は、そこに住む人々の願いや思いが込められているからである。

2. 改正教育基本法に基づく学習指導要領の改訂

　以上のような改正教育基本法の強調点を、新学習指導要領は、いかに具体化しているのかを次にみていきたい。

(1)「生きる力」の育成

　新学習指導要領の指針を決める中央教育審議会答申では、「学習指導要領改訂の基本的考え方」として、7点をあげている。(1)は「改正教育基本法等を踏まえた学習指導要領改訂」であり、(2)は「『生きる力』という理念の共有」である。

　「生きる力」は、1998（平成10）年に改訂された学習指導要領においても、これからの学校教育の基本的理念として強調された。当時の中央教育審議会の第1次答申では、「生きる力」について、「いかに社会が変化しようと、自分で課題を見つけ、自ら学び、自ら考え、主体的に判断し、行動し、よりよく問題を解決する資質や能力」、「自らを律しつつ、他人とともに協調し、他人を思いやる心や感動する心など、豊かな人間性」、「たくましく生きるための健康や体力」を重要な要素としてあげている。

　今回の「生きる力」の提案は、どのようになっているか。教育課程部会における審議で配付された資料では、「豊かな心」（徳）の育成を根幹にすえて「確かな学力」（知）、「健やかな体」（体）の育成を求めている。つまり、人間としてどう生きるか（人間としての自分自身の生き方）を追い求める中で、さまざまな学習活動があり、日常生活がある。その目的意識をしっかりもたせることがたいせつだということである。

　答申には、とくに「将来の職業や生活を見通して、社会において自立的に生きる力」「基礎的・基本的な知識・技能をしっかりと習得させるとともに観察・実験やレポートの作成、論述といった知識・技能を活用する学習活動」

「言語の能力の重視や体験活動の充実を図ることにより，子どもたちに，他者，社会，自然・環境とのかかわりのなかで，これらとともに生きる自分への自信をもたせる」ことを重視するとしている。

このような捉え方は，先に見た改正教育基本法における人格の形成を中核に据えた教育と一致する。中央教育審議会答申では，「人格の完成」をめざした教育を「生きる力」で言い換えているといえよう。「人格の完成」をめざした教育は，人間を育てる教育の原点であるといってよい。新学習指導要領は，まさに教育の原点からの見直しと改善を求めているのであり，そのベースに道徳教育の充実をあげていると捉えられる。

(2)「豊かな心」を基盤とした「確かな学力」の育成

以上のことをもう少し詳しくみてみよう。新学習指導要領では，「確かな学力」の育成について大きな改善が図られている。先に取り上げた中教審答申に記されている「学習指導要領改訂の基本的考え方」の(3)(4)(5)(6)は「確かな学力」の育成にかかわるものになっている。すなわち，(3)「基礎的・基本的な知識・技能の習得」を重視し，(4)「思考力・判断力・表現力等の育成」を図り，(5)「確かな学力を確立するために必要な授業時数の確保」をするとともに，(6)「学習意欲の向上や学習習慣の確立」をめざした教育課程の改善を図ることを求めている。

この「確かな学力」の育成にかかわる審議においては，学力の育成がどのような人間形成にかかわるのかが検討された。すなわち，さまざまな学習活動を通して「自己に関すること（たとえば，自己理解，自己責任，健康増進，意思決定，将来設計）」「自己と他者との関係（たとえば，協調性・責任感，感性・表現，人間関係形成）」「自己と自然などとの関係（たとえば，生命尊重，自然・環境理解）」「個人と社会との関係（たとえば，責任・権利・勤労，社会・文化理解，言語・情報活用，知識・技術活用，課題発見・解決）」をおさえた「確かな学力」の育成を求めているのである。

これらは，道徳の内容に示されている4つの視点（自分自身に関すること，他の人とのかかわりに関すること，自然や崇高なものとのかかわりに関すること，集団や社会とのかかわりに関すること）を基本としていることから，道徳性の育成と密接にかかわることになる。「豊かな心」の育成を基盤とした「確

かな学力」の育成の強調であることが理解できる。
(3) 各教科における道徳性をはぐくむ学習活動の充実
　中教審答申に記されている「学習指導要領改訂の基本的考え方」の最後（7）は，「豊かな心や健やかな体の育成のための指導の充実」となっている。新学習指導要領では，各教科の学習内容の中に固有の学習活動にかかわって，豊かに道徳性をはぐくめる学習活動が取り入れられたり強調されたりしている。
　たとえば，国語科における「言語文化」の学習，社会科における「我が国の伝統や文化」に関する学習，理科における「生命・地球」に関する学習，音楽における「音楽づくり」や「音楽文化」の学習，図画工作・美術における「造形体験」や「美術文化」の学習，家庭科における「自己と家庭，家庭と社会のつながり」に関する学習，体育における「体づくり運動」や「健康・安全」，中学校における「武道」に関する学習などである。
　そして，新学習指導要領では，全教科，外国語活動（小学校のみ），総合的な学習の時間，特別活動のそれぞれの「指導計画の作成と内容の取扱い」において，「道徳の時間などとの関連を考慮しながら，第3章道徳の第2に示す内容について，○○（各教科等の具体的名称が書かれる）の特質に応じて適切な指導をすること」と明記されている。
　このような学習指導要領の改善が，学校現場においてどのように取り組まれるのか。それは，各学校の主体性にゆだねられるが，とくに次のようなカリキュラム開発の研究が求められる。
　第1に，各学校の特質に応じたカリキュラム開発である。各学校の実態や子どもの実態に応じたカリキュラムを計画していく場合，地域的ニーズや学校の特質，子どもの実態に関する分析が必要であり，それらを自校のカリキュラムにいかに反映させるかは大きな課題である。そのような視点からの指導方法や学習形態の工夫，家庭や地域の人々との連携・協力などがたいせつである。学校におけるカリキュラム研究は，常に方法との関連が求められる。カリキュラムと指導方法は一体的に捉える必要がある。その場合，社会的自立のための学習支援という意味合いを強くしていくことが求められる。集団規範の問題や，学習の場の広がりなども言及していくことができる。
　第2は，子どもを主体とした総合的視点を必要とするカリキュラム研究であ

る。カリキュラム研究が，現状分析だけに終わるのではなく，これからのカリキュラムのあり方について積極的に提案していくものが必要である。その面から，現状分析において優れた成果をあげてきた従来の研究をふまえて，子どもを主体としたこれからのカリキュラムのあり方について研究を深め，具体的な提案を行なっていくことが求められる。

　第3は，カリキュラムの開発と指導方法を一体化した研究である。教育学の分野では，伝統的に授業研究がさかんに行なわれている。それらは当然にカリキュラム開発と結びついてくる。とくに，子どもを主体としたカリキュラムにおいては，協同的な学びや社会的自立力の育成が不可欠である。プロジェクト学習などもさかんに取り上げられるようになると考えられる。そういった学習を充実させるためには，カリキュラム開発と指導方法を一体化した研究が求められる。

　第4は，カリキュラムの評価，診断に関する研究への貢献である。カリキュラム研究においては，評価や診断に関する研究が重要である。それらは個と集団の両側面から評価しなければならない。そのような評価や診断をもとに新たなカリキュラム開発もできる。

読者のための推薦図書

- 『教育課程編成論』　安彦忠彦（著）　2006　日本放送出版協会
- 『学習指導要領の解説と展開』　押谷由夫・小寺正一（編著）　2009　教育出版
- 『道徳教育の教科書』　貝塚茂樹（著）　2009　学術出版社
- 『「道徳の時間」成立過程に関する研究』　押谷由夫（著）　2003　東洋館出版社

9章
学級経営と学級崩壊

　本章では，学級崩壊という現象がどのように登場し，何が問題として語られてきたのかを明らかにしたうえで，その原因論について考察する。第1に，小学校低学年における事例から，学級崩壊を家庭のしつけや就学前教育の問題として検討する。第2に，小学校高学年における事例から，学級崩壊と中学校における「荒れ」との関連性について明らかにする。第3に，学級秩序の崩壊という視点から，これまで学級システムを維持してきた教師―子ども関係の変容を原因として指摘する。

　さらに，こうした原因論をふまえて，学級崩壊への対応策としての学級経営の役割を指摘し，残された課題として，社会変動にともなう学校への役割期待の変容と教育問題への対応について論議したい。

1節　学級崩壊という現象

　近代の学校制度を支えてきた重要な構造の1つに，学級システムがある。とりわけ，わが国の学級は明治期の小学校令に定められたように，その安定的・持続的な集団構造から，単に学力の育成だけではなく児童・生徒の人格形成までもが期待されてきた（志村，1994）。しかし，近年，その学級システムそのものの存続を脅かすものとして，学級崩壊という現象が指摘されている。そこで，本節では，まず，学級崩壊という現象の概要とその言説について明らかにしてみよう。

1. 学級崩壊の登場

　学級崩壊を初めとするわが国の教育問題の多くは，その生起をマス・メディアの報道によって決定づけられてきた。校内暴力，いじめ，不登校など，それぞれの現象は，多くがマス・メディアによってそのネーミングがなされ取り上

げられることによって，教育問題化してきたと考えることができる（太田，1998）。ところで，学級崩壊という，いかにもショッキングな言葉がさかんに報道されはじめたのは1998年ごろといわれている。ちなみに，朝日新聞全国版では，1997年4月15日付けの夕刊「学級崩壊－『学校』が意味を失った？」と題したノンフィクションライターの久田恵の報告が最初であり，同年の記事はその1件だけである。しかし，翌1998年には，学級崩壊という用語を含んだ記事数は48件にもなる。また，毎日新聞全国版においては，1997年12月24日の社説「校内暴力 子供の危機に大人の力を」で初めて学級崩壊という言葉が登場し，翌年には31件の記事が報道されている。したがって，「学級崩壊」のマスコミデビューが1998年ごろであることはまちがいがないだろう[1]。

　さて，本章では，いくつかの視点を用いて学級崩壊の「原因」を読み解くのだが，まず，学級崩壊という言葉の定義をしておく必要があるだろう。しかし，この言葉自体が近年に作られた造語であるため，その定義が一般化されているわけではない。ただ，この現象に早くから注目し独自の調査を行なってきた尾木は，学級崩壊を次のように定義している。

　「小学校において，授業中，立ち歩きや私語，自己中心的な行動をとる児童によって，学級全体の授業が成立しない現象」

　尾木は，学級崩壊を小学校に限定して定義しており，さらに，こうした現象は，小学校の高学年と低学年では，その背景や現象にも違いがあることを指摘している（尾木，1999）。いずれにしても，一般にわれわれがイメージしてきた小学校の授業風景が，大きく変化していることを問題として学級崩壊が立ち現われてきたことにまちがいはない。では，こうした現象は，マス・メディアによってどのように語られてきたのだろうか。次にそのことをみてみよう。

2．学級崩壊の問題

　マス・メディアの報道によって，急速に教育問題化したと考えられる学級崩壊。では，学級崩壊のいったい何が問題だと語られてきたのだろうか。その原因論を考察する前に，メディア報道の言説を読み解くことにより，学級崩壊の何が問題にされてきたのかについて整理しておこう。

　1999年11月15日の朝日新聞特集記事「小学校なぜ荒れる」において，学級

崩壊の問題は次のように語られている。

「ちょっと注意しただけで、『うるせえな』『ぼけ』『くそばばあ』という暴言が返ってくる。まだ幼さが残る小学生が相手だけに、教師はいっそう傷つき、自信を失う。『学級崩壊』が深刻なのは、小説『二十四の瞳（ひとみ）』で描かれたような、小学校独特の教師−児童間の信頼関係が根こそぎ覆される点にある」

こうした言説から読み取れることは、第1に、「幼さが残る小学生が」という衝撃である。元来、わが国の学校教育や子どもを語る際に前提とされている言説に、いわゆる子ども中心主義があげられる。純粋さや無垢といった言葉に代表される子ども中心主義の言説からは、教師に対して暴言を吐く小学生の姿が、いかにも異常なものとして捉えられることになる。第2に、「教師−児童間の信頼関係が」という衝撃がある。さきに指摘したように、わが国の学校を支えてきた学級システムには、その教師−児童間の安定的な信頼関係に、児童・生徒の人格形成が期待されてきた。まさに『二十四の瞳』に典型的に示されたように、教師と子どもたちの間に築かれた強い信頼関係と温かい人間関係こそが、われわれがイメージする教育の姿である。そして、そうした良好な人間関係の下でこそ、人格形成がなされるという思いがあった。それが、「根こそぎ覆される」危機感であった。

さらに、次のような語りからは、わが国の学校教育の伝統そのものが危機に直面しているという強い警戒感を読みとることができた。

「日本の学校は、明治の初めに学制がスタートした時から、一斉授業方式を取り入れてきた。学級の全員が同じ教科書を使い、同じ内容を勉強する。伝統のスタイルを支えたのは、授業中は自席で姿勢正しく静かに先生の話を聴く、指名されてから発言するなどのルールである。（中略）学級崩壊によって、百年続いた『教室文化』が揺らいでいる」

では、こうした現象をどう読み解くことができるのか。次に、その点について論じてみよう。

2節　学級崩壊の原因論

　本節では、いくつかの社会学的視点を用いて、学級崩壊の原因を読み解くことにする。その視点は、学級崩壊が小学校の低学年と高学年に集中してみられるという指摘から、それぞれの現象を別々の主要な要因から由来すると考えたものである。それぞれの現象をもたらす原因を、低学年の学級崩壊から高学年のそれへと指摘したあと、両者に共通する要因として学級秩序の問題を考えることにする。

1. しつけの喪失・集団行動への不適応という視点

　学級崩壊の形態の中で、小学校の高学年と低学年とでは違いがあることが指摘されてきた。高学年の学級崩壊が教師への反抗や反発が中心であるのに対して、低学年の学級崩壊では、次のような実態が報告されていた。

> 「ある一年生のクラスは四月から、机の上を因幡の白うさぎのように歩く子が数人いた。いきなりアニメの主題歌を、高い声で歌い出す子もいる。授業中もそこここでけんかが起き、ぴーっと泣き出す子がいる」（朝日新聞社会部，1999）。

　こうした状況は「クラスのまとまりや統一性が6月になっても2学期になってもつくれない」「学級集団未形成」状態と指摘される。その原因を尾木は、近年の親の意識の変容と幼児教育の変化に求めている（尾木，1999）。
　学童保育所の指導員と保育園の保育士に対するアンケート調査から、最近の親には、モラル低下がみられることや、あいさつやしつけに熱心でない、受容とわがままの区別がつかないなどの特徴がみられることが指摘されている。元来、しつけとは、親が望ましいと考えている行動様式・価値観を、子どもに実現しようとするはたらきかけをいう。多くはその社会で共有されている基本的な生活習慣や、行動様式・価値観が伝達される。しかし、その内実は、まさに親の価値観に左右される部分があり、現代のように急激な変化が生起する社会においては、しつけの内容にも急激な変容をもたらすことも十分考えることができる。

「教師の言うことを聞くのはあたりまえ」といった，いわゆる正当的な権威の感覚を子どもの中に形づくるのは，親，とりわけ就学前の子どもをもつ母親であると言われている（キング，1984）。しかし，親自体の価値観の変容やモラル低下は，そうしたこれまで培われてきたメカニズムを破壊することになる。ちまたで見聞する，授業参観の際に私語をやめない母親たちに，その典型を見ることができる。

さらに，尾木は，1989〜1990年から始まった「自由保育」が，一斉指導をいまだ基本とする小学校との間に，「移行・接続の失敗」をもたらしていると指摘している（尾木，1999）。たしかに，結城のエスノグラフィー的研究によれば，伝統的な活動を行なう幼稚園では，集団活動をとおして教室秩序を維持しているという。教室で園児を静かにさせる場面や，楽器遊びで秩序正しい行動を要請する場面などの事例から，「幼稚園は子どもが集団の一員として取り込まれる人生最初の場となる」ことを指摘している（結城，1994）[2]。

たしかに低学年の実態を観察したジャーナリストは「ちょうど幼児が学校にやってきたと考えれば違和感はない。学校の集団行動のスタイルに慣れていないのだ」と指摘する（朝日新聞社会部，1999）。加えて近年の，個性尊重という教育界の動向は，指導から支援というキャッチフレーズを生み出し，さらに社会の私事化現象とあいまって，「統制されることに慣れない子どもの出現」という変化を学校現場にもたらしたと考えることは，十分可能だろう。

2. 学級の荒れという視点

小学校高学年の学級崩壊は，教師への反抗や反発を中心にしていることから，中学校段階の荒れが小学校に降りてきたと捉える考え方がある。たとえば次のような学級の事例が報告されている。

「六年生を担任する四十代後半の男性の先生の学級を見た。（中略）先生を呼び捨てにし始める。教室の対角線で，大声でテレビゲームの話をしている。立ち歩いている子も何人もいる。ボールや給食のおかずが先生の背中向けて投げられる。学級日誌に何人もの字で『先生，死ネ』と殴り書きしてあった」（朝日新聞社会部，1999）

筆者たちが調査を行なった小学校でも，これほどひどい状況ではなかったが，

同じような現象を6年生のクラスで観察することができた。40歳代前半の女性教諭のクラスでは，一部の男子児童が授業妨害などをくり返していた。そのクラスのある子どもは，次のように訴えている。「先生，クラスの問題児のことを親に言ってみて下さい。じゃないと私たち学校に来れなくなる」。

クラスの中の数名の「ツッパリ」たちが，教師に反抗し，クラスの秩序や授業を破壊する現象が，かつて中学校の「校内暴力」とよばれていた。まさに，今，そうした現象が低年齢化し，小学校の高学年で起こっているというのが，その説明である。

さらに，校内暴力と同じだという視点からは，「新しい荒れ」とよばれる現象からも，その説明がなされる場合がある。1980年代中盤には終息したかに思われていた校内暴力は，じつはそのあとも「中学校の荒れ」とよばれて続いていた（そのことは，統計資料にも報告されている）。しかし，新聞を始めとするマス・メディアは，そうした報道をすることもなく，校内暴力はもはや，過去のこととして取り扱われていた。このような状況の中で，近年，中学生がナイフで教師を刺すといった少年事件が生起し，マス・メディアはその説明に，新しい荒れという言葉をあてたと思われる。新しい荒れの定義は一般的ではないが，従来の校内暴力に代表される荒れが一部の「ツッパリ」たちによって担われていたものが，1990年代，「ふつうの生徒」による突然の暴力によるものへと変化したと理解されている。ふつうの生徒が突然「キレる」のだから，当然，小学校の高学年の子どもにもそうした現象が起こり得るという説明である。

ところで，校内暴力生起の説明は，これまで，受験競争から落ちこぼれた子どもの異議申し立てだという解釈や，社会にあまりにも自由な雰囲気が広がったために，規範意識が低下したのだという解釈などの説明がなされてきた。校内暴力生起の原因に関して，これまで精緻な研究は実施されてこなかったが，ただ，こうした視点からは，「落ちこぼれ」といわれる勉強のできない子どもの心情そのものや，教師の言うことを聞くべきだといった規範意識の低下などが，学級崩壊の原因と考えることを可能にするといえるだろう。

3. 学級秩序の崩壊という視点

学級崩壊の原因に関して，そもそも学級の秩序が保たれてきたのはなぜかと

いう視点からは，新たな説明が可能になる。すなわち，学級の秩序が保たれている最もシンプルな説明は，秩序を保とうとする教師の言うことを子どもたちが聞いているというものである。そこには，前提として，教師の権威の存在が考えられている（新堀，1987）。

　教師の権威が生じるメカニズムの研究からは，次の6つの権威が想定されている。それは，報賞的権威，強制的権威，専門的権威，正当的権威，人格的権威，関係性の権威である。報賞的・強制的権威とは，古来語り継がれてきた「アメとムチ」のことである。教師は，制度的に，子どもに対して褒美を与えたり，罰を与える権限をもっている。そのことを，子どもたちが認識することによって生じる権威である。専門的権威とは，教師が子どもより，高い専門的な知識や技能をもつことによって生じる権威と考えられている。正当的権威は，社会が教師の権威の正当性を認めることによって生じるものであり，ふつう「先生の言うことを聞くのはあたりまえ」といった感覚で表現されている。また，人格的権威と関係性の権威は，ともに子どもが教師への愛着感をもつことから生じると考えられている。人格的権威は，その教師のもつ人間的魅力を中心とするが，関係性の権威は，教師と子どもとの良好な人間関係から生じると考えられている。

　ところで，学級崩壊は，こうした教師の権威が喪失することによって生じると考えるなら，いったいそれぞれの権威が，現在も存在するのか否かが問われることになる。われわれは，現代社会の変動を説明要因にして，以下のような権威喪失のストーリーを描くことができる（新堀，1987）。

　専門的権威の低下は，われわれの社会が高学歴化することによって，もたらされたという。これまで地域の知識人として尊敬を集めてきた教師も，高学歴の親が増えることにより，その地位を喪失していくと考えることができる。同じように情報化社会の進展は，すべての人にさまざまな知識や情報へのアクセスを可能にし，教師の専門的権威を相対的に低下させることになる。また，人格的権威は，教師に対するイメージの低下（たとえば，サラリーマン教師という言葉など）により，とくに戦後の教師の地位を低下させたと考えられている。さらに，暗黙の内に「教師の言うことを聞くのはあたりまえ」と考える正当的権威は，社会的モラルの低下とともにその影響力を喪失してきたと考えること

ができる。

　こうした教師の権威の低下が，それまでの学級秩序の維持を困難にしている可能性は十分考えることができる。したがって，教師は，厳しい規則や体罰などの強制的権威を多用するか，何らかの活動をとおして関係性の権威を構築するかの選択を迫られることになる。特別の努力や工夫をしなくても学級の秩序を維持することのできた時代は終焉したといえるだろう[3]。

3節　学級経営再考

　校内暴力から学級崩壊まで，さまざまな教育問題が報道されはじめてから30年近くの時が経過した。その都度，それぞれの問題に対してさまざまな原因論が論議され，対応策が模索されてきた。しかし，校内暴力を初めとして，教育問題が完全に解消されることはなかった。本節では，そうした現実をふまえ，今後の教育問題に対する取り組みについて考えてみよう。

1. 学級崩壊への対応

　教育問題への多くの対応策がその効果を発揮しない背景には，第1にその問題現象が，社会変動をともなうさまざまな変化によってもたらされる場合が多いことである。いわゆる複合的に絡み合った要因を一つひとつ検証し，解決策を総合的に立案することは不可能に近い。第2に，教育問題の解消が，かつてあった（と信じられている）理想的な教育状況に復帰することと捉えられがちなことである。社会学的な視点から考えれば，たとえば学校における暴力行為は，学校の始まりから避けられないものであることはまちがいない（亀山，1990）。いわば，教育的理想と教育問題の現実が錯綜し，事態は改善したという印象をわれわれにもたらすことはないのである。

　ただ，学級崩壊の原因をさきにあげた教師の権威低下などに求めることができるのであれば，学級づくりなどをとおした学級経営に，その発生を改善する可能性をみることができることも事実である。

　たとえば，小学校高学年の学級崩壊が中学校の校内暴力と同根であるという

観点からは，防止のための1つの有効な視点が提供される。それは，学級の中の「落ちこぼれ」と考えられる子どもたちの居場所を確保することである。現在の評価システムが，意欲・関心などに多様化していることにともない，学級における評価を，テストの点数のみに限定しないことを子どもたちに表明し，そうした学習活動を積極的に展開することである（金子，1999）。だれしも仲間から認められたいという欲求をもっている。他者から何らかの形で認められた子どもが「荒れる」可能性は低いと考えられるからである。そのほか，いわゆる「学級づくり」を中心とした学級経営のさまざまな取り組みが，教師ー児童間や児童相互の人間関係を改善できる可能性をもっていることについては，よく知られている（片岡，1981）。

　また，就学前の幼児教育が原因で小学校低学年の学級崩壊をもたらしているのであれば，就学前教育と小学校教育のスムーズな連続性を確保することにより，有効な改善策が実施できるかもしれない。互いの協力による歩み寄りと連携が，その対策の第一歩となるはずである。事実，新しい幼稚園教育要領では，とくに小学校教育との円滑な接続のために，相互の連携を図ることを求めている。さらに，一斉指導を基本としていた小学校のシステムを変容させていくことが（たとえば一斉指導からの脱却としてのグループ学習の多用など），その連続性をスムーズなものにする可能性も高い。

2. 残された課題ー新しい子ども像と教育問題

　学級崩壊への対応策を模索してきたが，その現象が稲垣（2000）の指摘するように，学校に対する役割期待の変容によってもたらされている可能性がある。すなわち，これまで学校を支えてきた，今を耐えて努力することによって未来が約束されるといった成功の「物語」が，豊かな社会の到来とともに解体されることにより，「これまでとは異なる新しい現実感覚と秩序を生み出しはじめている」という指摘である（稲垣，2000）。さらに，経済のグローバル化にともなう日本型学歴主義社会の変容は，「いい大学を出て，いい会社に入ることが人生の幸せ」という物語を崩壊させ，学校がもっていた神話性を喪失させてきた。そして，そうした感覚が，子どもはもちろん，親の側にも共有されてきているのであれば，教師や学校の努力は，学級崩壊の抑止という点でむくわれ

ない可能性もある。その結末は，残念ながらいまだ明らかではない。

　さて，ここまで学級崩壊の原因と考えられている現象を，いくつかの視点を用いて検討してきた。しかし，われわれはその原因を特定する作業よりも，学級崩壊そのものを防ぐことに注意を注ぐ必要がある。北澤が指摘するように，ある教育問題の原因をつきとめ，それへの対応を設定したところで，その対策が100％効果をあげるとは限らないからである（北澤, 1999）。つまり，メディア報道をきっかけとしたモラルパニックや教育言説に振り回されることなく，日常の教育活動の中で，教師自身が信じる方向に向かって努力することこそたいせつなように思われる。もちろん，その中で最も原因として妥当性のあることをベースに対策を講じることが，これからの学校の教育活動を充実させ，向上させる可能性を高めることは言うまでもない。

(1) ちなみに2002年3月までに，朝日新聞（地方版を含む）において「学級崩壊」という用語を含んだ記事数は1259件，「学級崩壊」を表題とした記事数は133件にのぼる。
(2) ここでは自由保育という理念そのものを否定しているわけではない。ただ，幼児教育段階の教育が，その後の義務教育段階の教育にどう受け継がれていくのか。その点を論議する必要はあると考えられよう。
(3) 学級崩壊の原因論の考察に関しては，以下の文献を参照し，一部再掲した。
　太田佳光　2002　学級崩壊の原因　太田佳光（編）　キーワードで読み解く現代教育　黎明書房
　太田佳光　2002　教育問題の社会学的考察（Ⅳ）愛媛大学教育実践総合センター紀要　第20号

読者のための推薦図書

● 『悪循環の現象学』　長谷正人（著）　1991　ハーベスト社
● 『ハマータウンの野郎ども』　ウィリス, P.（著）／熊沢　誠・山田　潤（訳）　1985　筑摩書房

10章
学校文化の視角
－児童・生徒による意味付与－

　従来，学校文化は，学校の下位文化としての制度的文化や教師文化や生徒文化が単独に研究されてきた。しかし，下位文化のそれぞれの相互関連性を問わないでは，学校がもつ文化の独自性が総体として浮かび上がってこない。本章では，学校文化研究の枠組みを整理し，教師と児童・生徒の相互作用研究ならびにカリキュラム研究が，学校文化論の主要な領域を構成しており，さらに，社会階層との関連で学校文化が論じられてきたことを確認する。そのうえで，実際に，学校の中で生活している教師や子どもが，学校に対してどのような意味付与を行なっているのか，彼らの意識を読み解くことの必要性を指摘する。

◀1節▶ 文化を捉える視点

1．文化の定義

　われわれにとって，至極あたりまえになっている文化は，いかにすれば捉えることができるのだろうか。ウィリアムズ（Williams, R.）によると，今日では，文化（culture）という言葉は，①知的，精神的，美的発達の全体的な過程，②知的，とくに芸術的な活動の実践やそこで生みだされる作品，③ある国民，ある時代，ある集団，あるいは人間全体の特定の生活様式の3つの意味が絡まりあう概念として存在するという（ウィリアムズ，1980）。第1の定義は，文化を「知性の陶冶」と考えるものであり，その分析は，教養という普遍的価値をいかにして人間が内面化するのかを探求することによってなされる。第2の定義は，文化を「芸術作品」として定義するものであり，その分析は，人間の考えや体験が現実にはたらくところである言葉，形式，慣習の細やかな点を評価し，作品とそれらが現われてきた特定の伝統や社会と関連づけることによってなされる。第3の定義は，文化を「生活様式の全体」と捉え，その分析は，

特定の生活のしかた，特定の文化の暗黙の内に，はっきりとした形で含まれている意味と価値を明らかにすることによってなされる（ウィリアムズ，1983, pp.43-44）。

　教育社会学的な関心からするならば，文化を第3の定義で捉え，われわれの行動様式や考え方をその背後で規定している意味のパターンを探ることになる。学校を対象に据えるならば，学校という組織や制度のもとでなされている日常的教育活動の実態やその特徴を明らかにし，そのうえで学校という場を構成している人々，すなわち教師や児童・生徒や保護者によって，学校内部の諸活動や学校自体がどのように意味づけられているのかを探ることになる。

2．先行研究の整理

　ここで，これまでになされてきた学校文化にかかわる研究としてどのようなものがあるか，簡単に先行研究を整理しておきたい。

　学校文化にかかわる先駆的業績が登場しはじめたのは，1930年代のことである。アメリカにおいては，ウォーラー（Waller, W.）が『学校集団（*The Sociology of Teaching*）』を著し，学校と社会の相互関係や学校で生起するさまざまなできごとを教師と生徒との人間関係を機軸に描き出している（ウォーラー，1957）。1960年代になり，コールマン（Coleman, J. S.）は，学校で，学力の格差や教育を受ける機会の不平等が，なぜ生じるのかを問題とした（Coleman, 1968）。コールマンは，その原因を家庭環境による社会経済的かつ文化的差異に求めた。このころ，シコレルとキツセ（Cicourel, A. V. & Kitsuse, J. I.）は，面接法を用い，アメリカの総合制高等学校において，生徒の大学への進学がどのようなメカニズムによって決まるのかを構造的に捉えようとした。彼らは，大学への進路決定においてはカウンセラーが重要な役割を担っており，上層の階層の子弟が有利に扱われる現実を指摘している（シコレル & キツセ，1985）。さらに，1970年代になり，ボールズとギンタス（Bowls, S. & Gintis, H.）は，教育制度が経済的不平等を正当化し，既存の社会を維持するために必要な労働力を生みだしていること，教育の社会的制度と労働の社会的制度との間には対応関係があることを指摘した（ボールズ & ギンタス，1986, 1987）。また，アップル（Apple, M. W.）は，カリキュラムのもつイデオロギー性に注目するこ

との重要性を指摘し，カリキュラムは既存の支配体制を利するように機能しているとした（アップル，1986）。

　一方，ヨーロッパにおいては，1960年代になって，フランスのブルデューとパスロン（Bourdieu, P. & Passeron, J. C.）によって，文化的再生産論に関する著作が登場しはじめる（ブルデュー & パスロン，1991）。これは，階級によって身体化された文化資本が学校教育によって正当性を帯び世代を通じて再生産されていくというものであった。この時期，イギリスにおいては，新しい教育社会学が登場し，ヤング（Young, M. F. D.）やバーンスティン（Bernstein, B.）らによって，学校で教えられる知識の内実が問題とされ，知識と社会的統制の関係が論じられた（Young, 1971；バーンスティン，1985）。また，バーミンガム大学現代文化研究センター（the Birmingham Center for Contemporary Cultural Studies：CCCS）の研究員であったウィリス（Willis, P. E.）は，労働者階級の子弟のつくりだす反学校文化が労働者階級の文化と密接に関連しており，生徒たちが学校文化に抵抗し彼らの独自性を強調する行為それ自体が，実は階級の再生産をうながすことにつながっていることを参与観察をとおして明らかにした（ウィリス，1996）。

　このように見てくると，学校文化にかかわる研究は，①学校内部での教師と生徒との相互作用に関する研究，②カリキュラムの内実を問い，カリキュラムがいかにして学校文化を規定しているかを明らかにする研究，③社会階層と学校との関連を問題にする再生産論研究，にまとめることができる。日本においては，①の学校集団に関する研究は1960年代に登場し，小集団研究や学力に関する地域文化的偏向に関する研究がなされた（末吉，1959；片岡，1963，1979；高旗，1978）。その後，新しい教育社会学の影響を受け，研究者が教室内部へ参与観察者として入り，教師と生徒との相互作用や生徒文化の研究がなされてきた（古賀，2001）。近年では，「力のある学校」という概念を用いた教師の取り組みや学校づくりにウエイトを置いた研究がなされている（志水，2009）。②のカリキュラム研究との関連では，比較的最近になってこの種の研究が登場するようになる（片岡，1994；沖津，1994；田中，1996）。③の再生産論に関する研究は，社会移動研究の中で展開されてきた。そこでは，親の職業や学歴と子どもの進学機会の問題が，とくに高校生の進路選択とかかわって

論じられた。

2節　学校という場

1．集団としての学校
(1) 学級の2つの側面

　社会集団の基本的要件として，①集団の構成員が存在すること，②構成員が継続的な社会関係を維持すること，③集団の構成員に共通な目標や規範や価値が存在すること，④集団の構成員相互に帰属意識があること，の4つがある。学校には，教職員と児童・生徒がおり，両者の関係は継続的である。しかも，日常の教育活動を通じて，学校や学級の目標を設定し，それを追求し，うまくいけば，私たちの学校，私たちの学級というような「われわれ感情」が生起する。学校はこれら4つの要件を満たしているので，社会集団と見なすことができる。しかし，学校は，その内部において集団が機能的に作用しているわけではない。学校は，葛藤し，矛盾する状況を常に内に抱え存続している。それを，まず，学級という場に見てみる[1]。

　学級は，一般に，1学級40人以下の同年齢の児童・生徒からなる集団である。子どもたちは，学級に所属し，授業を受けたり給食を食べたりするなど，日常のさまざまな活動をこの学級の中で行なう。子どもたちの学校での生活は，学級と密接にかかわっているものの，児童・生徒には，学級を選ぶ権利はない。彼らは学級担任を選ぶこともできなければ，いっしょになりたい友人を選ぶこともできない。すべての決定は，学校側にゆだねられる。この意味において，学級は，強制的な集団である。

　学級が単に強制的に所属させられる集団であるだけならば，学級の成員である児童・生徒は学級に対して愛着を感じることはない。しかし，実際の学級のようすを見てみると，多くの児童・生徒が，自分の学級に愛着をもち，「私たちの学級」という意識をいだいている。なぜなら，そこには，教師と児童・生徒によって，互いに認め，認められる関係を作りだすさまざまな工夫がなされるからである。こうして，教師と児童・生徒は，自身の力で，強制的に所属さ

せられた集団（所属集団）を，みずからの拠り所となるような準拠集団へと変えていく。

学級の矛盾した2つの側面は，学級を経営するうえでの困難な要因となるが，逆に矛盾を克服することで集団の成員を成長させる契機にもなり得る。

(2) 教師のリーダーシップ

学級に矛盾する2つの性格があったように，教師も2つの相異なる性格を有する。教師の権威は，学校という組織があるがゆえに機能し，学校という制度によって保証されている。したがって，教師は，授業の目標，内容，方法を決めるにあたり，学習指導要領，子どもの成長・発達に配慮することなどいくつかの制約はあるものの，子どもの意志にかかわりなく，自身の裁量によって決定することができる。さらに，教師は課題追求過程において，課題の提供者であり，監督者であり，測定・評価者でもある。それゆえ，教師は子どもと相容れることのできない，ヘッドシップの性格特性を有することになる。

しかし，教師がヘッドシップのみに頼るならば，子どもたちの心は教師から離れていく。なぜなら，そこには人間の成長にとって必要な相互のかかわり合いや心の通い合いがないからである。教師は，本来埋めることのできない児童・生徒との距離を，平素の対話や授業でのやり取りによって少しずつ埋めていき，互いに集団を構成する一員であることを認め合う関係を作りだし，結果として集団の成員である子どもたちとの間に共通の感情を作りだそうとする。

こうした教師のリーダーシップは，課題達成機能（performance function）と集団維持機能（maintenance function）の2つのタイプからなる。課題達成機能とは，子どもの学力を向上させたり課題を解決することに向けた教師による子どもへのはたらきかけであり，集団維持機能とは，児童の不必要な緊張を解き集団の中で互いに大事にされ尊重されているという感覚を生みだすはたらきかけをいう。この両者のバランスがうまくとれている時，すなわち，集団維持機能を前提にしてこの上に課題達成機能がかぶさるような形ではたらく時，児童・生徒の学校への関心が高まり，級友との関係が良好になり，学習意欲が高まるとされている。こうして，教師の児童・生徒に対するはたらきかけによって，学級の雰囲気が決まってくる。一般に，教師から児童・生徒に対して，検閲や説得，統制，処罰の頻度が高まるに従い，学級は「防衛的風土」となる。

逆に，教師が子どもを受容し，共通の問題解決態度でもって彼らとかかわる時，学級の子どもたちには自発的行動がみられるようになり，子どもたちどうしがお互いに他者の意見に耳を傾け，感情移入することができるような「支持的風土」を形成することができる。

2. カリキュラムの問題
(1) 顕在的カリキュラムへの関心

　学校文化を規定する第2の要因として，カリキュラムがある。カリキュラムとは，①教育目標に即して，②教育内容を社会歴史的蓄積の中から抽出し，③子どもの発達段階を考慮に入れて意図的かつ計画的に配列計画したものをいう。こうしたカリキュラムの定義は，作り手の側から捉えたものであり，実際に目にすることができるので，顕在的カリキュラムとよばれる。この顕在的カリキュラムを，教育社会学者たちは，次のような関心をもって見てきた。その関心とは，どのような基準でもって教育内容が社会歴史的蓄積の中から選択され，編成されているのかというものである。

　この点について，イギリスにおいて新しい教育社会学の潮流を生みだしたヤング（Young, 1971）は"*Knowledge and Control*（『知識と統制』）"を著し，日常的知識との対比において，学校という場において教えられるべく選択された知識を「教育的知識」（educational knowledge）と称し，教育知識を社会的構成物として捉え，その構成原理を，①抽象性，②高い読み書き能力，③個人主義，④学校外の知識から独立していること，としている。

　一方，バーンスティンは，類別（classification）と枠づけ（framing）[2]という概念を用い，教育的知識の構成，伝達，評価が，社会によっていかに異なり，また歴史的にいかに変化するか，さらに，ある一定のカリキュラムのもとで，どのようなアイデンティティが形成されるのかを考察する（バーンスティン，1985）。バーンスティンによると，教育的知識のコード（コードとは，目には見えないが人を社会化し潜在的に統制する機能をもつ）には，強い類別によって特徴づけられる収集コードと，類別の力を弱めようとする統合コードの2つがあり，趨勢としては収集コードから統合コードへと移行する傾向にあるとする。統合コードのもとでは，「強い総合力と類推能力を必要とし，知識の

レベルでも社会関係のレベルでも，あいまいさに耐え，それを楽しむ能力」（バーンスティン，1985, p.113）をもつアイデンティティが必要とされるようになる，という。たしかに日本においても2002（平成14）年度から各教科の時間数と教科内容が削減され，新たに「総合的な学習の時間」という教科間統合カリキュラムが導入された現状は，バーンスティン理論を実証しているかのようにもみえる。

（2）潜在的カリキュラムへの関心

顕在的カリキュラムが教える側に立ったカリキュラムの定義であるとすれば，一方で，学習者の側に立ったカリキュラムの定義も存在する。その最たるものは，OECDの「学習者に与えられる経験の総体」であろう。こうしたカリキュラムの見方は，顕在的カリキュラムの中に隠されたイデオロギーを暴きだし，かつ，結果として学習者の中に何が獲得されているのかを問う潜在的カリキュラムに道を開くことになる。潜在的カリキュラムとは，教師が意図しないにもかかわらず，学習者である児童・生徒が，学校の中で獲得している行動様式や規範，その背後にある価値観までをも含む概念である。

1970年代になり，アメリカにおいて，ネオ・マルキストのアップル（Apple, M. W.）によって顕在的カリキュラムとこれを正当化するイデオロギーとの関連が問題にされるようになる。アップルは，学校が，「文化やイデオロギーにおけるヘゲモニーの代理人として，選別された伝統と文化的＜編入＞の代理人として機能している」（アップル，1986, p.11）という。ここでいうヘゲモニーとは，実際には特定の集団の利益や価値観を代表しているのだが，それが，われわれの意識に浸透しわれわれの考え方を支配しているので，われわれ自身はそのこと自体に疑問を挟む余地がなく，常識として疑わないようになっているものである。

アップルは，イデオロギーを内に含むものとして学校のカリキュラムを捉えた。しかし，彼は，実際に，学習者である児童や生徒が，学校の中で何を獲得しているのかを検証するにはいたっていない。問題にすべきは，学習者である子どもたちが学校の諸事象をいかに意味づけ，何を獲得しているかである。同じ内容を学習しても学習者がそれをどのように学ぶかは，彼らがこれまでに身につけている知識や価値観によって変化すると考えられる。したがって，われ

われに残された課題として，顕在的カリキュラムと潜在的カリキュラムがどのように関連しているのか，すなわち教師が教えようとした内容と実際に学習者が獲得した内容の間にいかなる一致と差異が生じているのか，それを学習者をカテゴリー化し，カテゴリーごとに，どのような内容が学習されているのかを実証的に解明していくことである。

3. 社会的文脈としての階層

　教師と児童・生徒の相互作用やカリキュラムが学校文化を規定する学校内部の要因であるとするならば，社会階層は学校文化を規定する外部要因であると見なすことができる。日本においては，社会階層と教育に関する研究，すなわち社会階層が進学をどの程度規定するかについての研究は，1950年代に入ってから清水（1957）や新堀（1958）らによって進められてきた。その後，潮木（1975a, b）は，学業成績，親の所得，親の学歴，親の職業の4要因と中学生の高校進学との関係をパス解析によって捉え，さらに，各国との比較によって，日本の高等教育の階層的開放性の度合いを明らかにした。こうして，社会階層と進学機会の間にはゆるやかな一定の関連性があることが確認されるのである。

　1980年代になり，関心の対象が高等学校でいかなる選抜がなされているのか，選抜のメカニズムそのものを明らかにすることに移行していく。この時，問題にされたのが高校の階層性（学力によるランク）と学校文化（あるいは生徒文化），それに関連する高校生の進路形成であった。苅谷（1981）や耳塚（1982）は，学校組織が制度的統制と教師のパースペクティブという主観的状況の定義の両方によって成立しており，これが生徒文化，すなわち進路形成に与えるメカニズムをモデル化した。また，志水（1987）は，高等学校の成層性と伝達される知識内容や知識伝達の型の違いに着目し，異なる進学チャーターでは異なる生徒の社会化がなされていることを明らかにした。さらに，藤田（1990）は，1985年のSSM調査のデータを用い，＜父親階層→学歴→初職階層→現職階層＞という移動過程の各ステップにおいてみられるトラッキングを「社会的・教育的トラッキング」と称し，社会階層を社会構造上の選抜過程の中に位置づけ直している。2000年以降，児童・生徒の学力低下論争とあいま

って，学力と社会階層，学力と教育格差について取り扱った著作が出版されている（原田，2003；苅谷・志水，2004；山内・原，2005；耳塚・牧野，2007）。

さて，こうした進学機会の問題や学力問題は，しばしば児童・生徒が属する社会階層との関連で考察されてきた。それは，社会階層が進学機会を規定する主要な要因であると考えられたからである。しかし，小学校，中学校の学校文化について考察する場合には，社会階層も含めたほかの社会的文脈の中で，学校文化を捉え直してみる必要性があるように思う。なぜなら，①学校条件（学校段階・学校種，学校規模・クラス規模，教師集団，平均学業成績，学校組織年齢）や，②地域条件（地域社会変動，保護者の社会階層的構成）や，③時代的教育的条件（進学率，文教政策，教育問題への世論形成など）という社会的文脈（今津，1996）の中で，教師－生徒関係やカリキュラムが作動し，子どもが学校の諸活動を意味づけていると考えられるからである。

3節 学校という場における意味の生成

学校の中で，いかなる意味が生成されているのかを読み解く時参考になるのが，ホール（Hall, S.）が提唱した「エンコーディング／デコーディング」モデルである（Hall, 1980）。これは，視聴者がメディアをどのように読み解くのかをホールが検討した中で登場してきた概念で，実際に視聴者は，制作者が意図したとおりに受容するのではなくて，送り手が伝えるメッセージをもとに，受け手は能動的な読み方をするという。しかも，そこには，「優先的読み」「対抗的読み」「交渉的読み」という3つのタイプの解釈が存在する。優先的読みとは，視聴者が番組制作者の意図（支配的意味）に即して，メッセージを解読することである。一方，対抗的読みとは，支配的意味を逆に読み替えていくような読み方である。交渉的読みとは，支配的意味に一定の位置を与えながらも，個々の部分においては，支配的意味とは異なる解釈を行なう読み方である。送り手と受け手は，また受け手どうしは，それぞれが自身の読み方の勢力を拡大するために相互に干渉し合い，そこでは，意味をめぐる攻防がくり返されているのである。

● 表10-1　学校規模別にみた児童による学校生活意識 (須田, 2005)

因子名 項目 カテゴリー	人数	因子1 教師への肯定的評価	因子2 向学校性	因子3 自己肯定感
学校規模別	1027 (100.0)	***	***	*
800人規模	367 (35.7)	-0.31　*｜*｜*	-0.23　*｜*｜*	-0.142　*｜　｜
500人規模	506 (49.3)	0.181　　｜*｜*	0.139　　｜*｜*	0.128　　｜*｜*
200人規模	124 (12.1)	0.131	0.035	-0.047　　｜　｜*
100人規模	30 (29.2)	0.302	0.407	-0.224　　｜　｜*

(注) 上段にF検定の結果を示した。2群間の比較は，Bonferroniの方法による。数値は因子得点の平均値。　＊＊＊ $p<0.001$　＊＊ $p<0.01$　＊ <0.05

　学校の中にこれをあてはめるとどのようになるのだろうか。学校における教師と児童・生徒との関係について言えば，教師はメディアとして捉えることができる。なぜなら，学校の規範的価値や教育的知識は，教師によって再編され，子どもに伝えられるからである。一方，子どもは受け手として存在し，メディアとしての教師によって伝えられた価値や知識に対して意味付与を行なう。かつて，筆者が行なった学校規模ごとに日常的教育活動の実際を把握しようとした調査（須田, 2005）の中では，表10-1に示すように，児童は学校生活を「教師への肯定的評価」「向学校性」「自己肯定感」という3つの観点から捉えていた。さきほどのホールが示した受け手の側の優先的読みとは，次のようになるだろう。教師は，子どもとの間に良好な関係を築き，子どもの自己肯定感を高め，子どもが学校を楽しく思うようなはたらきかけを行なう。こうしたはたらきかけに対して，子どもがそのように受け取るならば，子どもは，教師のかかわりに対して優先的読みをしたことになる。逆に，教師のはたらきかけに不信感をいだき，自己肯定感が低く，学校に行きたくないと捉えるならば，教師のはたらきかけに対して対抗的読みをしたことになる。ところが，現実の世界では，教師は子どもと良好な関係を築き，子どもの自己概念を高め，向学校性を高めようとするのだが，さまざまな環境要因に阻まれて思うようにいかないこともあり，子どもの読みは，「優先的読み」と「対抗的読み」の狭間で揺れ動いているのである。学校規模別に見たときには，概して大規模校のほうが児童の側に対抗的読みが強くなる傾向がある。おそらくそれは，学校を構成する成員の数が多くなればなるほど，さまざまな意味や解釈がせめぎ合う場が多数出

現し，支配的な意味を阻害するような社会的かつ政治的な力がはたらく可能性が増すからであろう[3]。

こうした意味のせめぎ合いを，児童・生徒，教師，保護者がどのようにして作りだしているのか，広範な社会的かつ政治的構造との関連で読み解いていくことが必要になるように思われる。学校文化を規定する環境要因に，学校規模や保護者の社会階層的構成を含めつつ，それが学校文化にどのように反映しているのかを見ていくことが必要になるであろう。なぜなら，これまでの学校文化研究は，社会移動や進学機会との関連性が主題として扱われるあまり，社会的文脈の中での教師と児童・生徒の相互作用の特徴や子どもたちが学校の中で実際に学んでいることがらについては，問題として取り上げられることが少なかったからである。誰が学校から利益を受け，誰が学校から離反していくのか，何が教育困難な状況を作り出しているのか，これらを学校を取り巻く諸要因と，さらにそこで実際に生活している子ども・教師・保護者の意識とを関連づけながら明らかにしていくことが望まれる。そうすることによって，個々の学校がいかなる文脈のもとに存立しており，学校においていかなる意味が生成されているのかという，学校文化研究のさらなる発展の可能性が広がるものと考える[4]。

(1) 学級のもつ二面性ならびに，教師のリーダーシップとヘッドシップの議論は，片岡（1963, 1979）に負っている。
(2) 類別とは，教科内容間の境界維持の程度で，類別の程度が強いと教科内容が明確に区分され，類別の程度が弱いと教科内容が相互乗り入れすることになる。一方，枠づけとは，教授学習関係において伝達される知識の選択・構成・進度について，教師や生徒が手にしている自由裁量の程度である。
(3) 小規模校においては児童の自己肯定感が最も低い。このことは，人間が成長していくためには，一定の人数がいる中で競争や協同の場面が確保されることが必要であることを示しているのかもしれない。
(4) 受け手の側から学校文化を読み解く理論枠組みとして，池田（1993）が参考になる。深谷（2003）は児童・生徒からみた楽しい学校の特性を析出している。

読者のための推薦図書

- 『学校幻想とカリキュラム』 アップル，M. W.（著）／門倉正美・宮崎充保・植村高久（訳） 1986 日本エディタースクール
- 『学校とは何か－「居場所としての学校」の考察』 深谷昌志（著） 2003 北大路書房
- 『「力のある学校」の探究』 志水宏吉（編） 2009 大阪大学出版会

第Ⅲ部

社会変化と子ども

11章 メディアに託されたメッセージ

　現代社会には多様なメディアが氾濫しており，さらにインターネットや携帯電話の普及により，双方向的なメディアが生活に浸透しはじめている。このような社会では子どもも常にメディアと接さざるを得ず，子どもはメディアから多大な影響を受けている。したがって子どもと社会の関係を明らかにする時，メディアの社会学的な検討を避けて通ることはできない。

　子どもとメディアの関係を分析する方法としては，メディアの与える影響，つまり受容者の分析とメディア自体の内容分析の2つが考えられる。本章では内容分析の事例としてマンガに現われた教師像を検討し，子どもが描く教師像がどのように変化していたのかを明らかにする。そのことを通じて子ども研究におけるメディアの重要性を指摘したい。

1節　メディア研究の意義

　「ポケットモンスター」は1996年にゲームボーイという手のひらにも収まる小さな世界で始まった。このゲームは「ポケモン」の愛称で爆発的な流行を見せ，瞬く間にさまざまなメディアへと姿を変えていった。ポケモンのキャラクターグッズがちまたにあふれたのはもちろんのこと，その物語はマンガ，アニメ，映画などさまざまなメディアとして子どもの世界を満たしたのである。

　メディアの多様な広がりは，なにもポケモンだけに限られたことではない。マンガ，小説，ゲームなどでひとたび人気を博せば，それはさまざまなメディアに移され大量に流通する。こうした「メディア・ミックス」とよばれる手法は現代の商業的な常套手段であるといってもよいだろう。

　このようなメディアの拡大を批判的に捉える視点もある。商業主義に走るメディアに歯止めをかけ，子どもには良質なメディアにのみふれさせるべきだと

いうものである。しかしながら現実を見れば「ポケモン」の例にとどまらず，子どもはすでに無数のメディアに取り囲まれている。テレビ，ビデオ，マンガ，そしてゲームなど子どもが日常的に接するメディアは多様である。しかもメディアは子どもの生活に深く浸透している。つまり現代社会において子どもとメディアは切っても切れない関係になっている。ならばメディアを批判するにしても，メディアと子どもの関係を分析することは非常に重要だといえるだろう。

　メディア研究の中で子どもとメディアの関係を分析するおもなものとしては大きく2つが考えられる。1つは社会学のマスコミ研究に代表されるようなメディアの影響力を検討するものである。とくに社会学ではニュースなどのメディアが個人や大衆の意思決定にいかに影響を与えるかが研究されてきた。これはメディア受容者の分析ともいえる。

　もう1つはメディア自体の分析，つまりメディアの内容分析である。このアプローチではテレビ，ラジオなどでの報道内容とともに，小説や映画，ドラマなどの分析が行なわれてきた。小説や映画などで展開される「物語」は社会状況を色濃く反映している。したがって「物語」の分析によって過去，あるいは現在の社会意識がより鮮明に描き出せることになる[1]。

　本章ではメディアの内容分析の事例としてマンガを取り上げてみたい。分析対象としてのマンガは次のような大きく2つの特徴をもっている。1つは読者層がある程度限定されていることである。子どもと大人がいっしょに楽しむことも多いテレビ番組とは異なり，マンガの読者は一定の世代に限られている。数あるマンガ誌につけられた「少年」「ヤング」「ビジネス」などという名称が象徴しているように，個々のマンガ誌の読者層は絞り込まれている。つまりマンガで描かれる物語は特定の世代をターゲットにしたものといってよい。

　もう1つの特徴はマンガがある程度の双方向性をもっていることである。マンガの連載には読者の反響が大きな影響を与えているとされる。読者の支持を得られないマンガはたとえそれが優れた作品であっても途中で打ち切られるか，物語を変更せざるを得ない。したがってある程度長期にわたって連載されたマンガは読者の考え方や社会状況を反映したものになっているといえるだろう。

　次節ではマンガに現われた教師像を「熱血教師」をキーワードとして分析し

てみよう。マンガの中の「熱血教師」がどのように変化したのかを検討することで，子どもの教師像の推移を明らかにする[2]。

2節 マンガの中の「熱血教師」

1. 熱血教師の衰退

　テレビドラマで熱血教師を探すのはそれほどむずかしいことではない。1960年代から1970年代のいわゆる青春ドラマシリーズや1980年代以降の金八先生シリーズなど，これまでにも数多くの熱血教師がテレビドラマに登場してきた。

　ところがマンガに目を移すと熱血教師が主人公になるのはごくわずかにすぎない。そのわずかな作品の1つが1960年代に発表された『わんぱく先生』（貝塚ひろし）であろう。

　この作品の主人公であるわんぱく先生こと二階堂哲太郎は，赴任した学校で問題のあるクラスを担任することになる。そのクラスには自殺未遂をする生徒や，手のつけられない不良がおり，前任者は「ノイローゼ」になって退職せざるを得なかった。二階堂はもちまえの正義感と行動力で生徒の家庭や交友関係にある問題を少しずつ解決し，生徒の心をつかんでいく。『わんぱく先生』はまさに熱血教師を描いたマンガであった。

　この『わんぱく先生』で主人公の二階堂を熱血教師にしているのは，第1にその教師としての情熱である。生徒に抵抗されても，町の有力者からの圧力がかかっても，二階堂はひるまず生徒の問題に立ち向かう。そうした二階堂の情熱と努力が生徒の心を少しずつ解きほぐし，さらには彼の教育にかける情熱が，教師からの関与を拒む生徒の心を半ば強引に開いていく。

　第2は二階堂のもつ非教師的文化である。彼はほかの教師のように教師としての保身を考えない。たとえ教師という職を捨てる危機に陥っても，生徒の喧嘩に平気で入っていき，相手が強い力をもった理事長の子どもであっても毅然とした態度で接する。つまり二階堂は職務のみを無難にこなす教師ではなく，教師という職業を越えて生徒のために行動しようとする。

　そして第3にこうした二階堂の姿が理想的教師像というよりも，理想的人間

像として描かれていることである。何ものにも屈しない彼の正義感や教育への情熱だけではなく，勉強，スポーツ，そして喧嘩，どの点をとってみても二階堂は傑出している。つまり二階堂は生徒がこういった人になりたいと思う要素をすべてもっている。いわば1960年代には人生の師となる教師像が求められていたことになるだろう。

ところが1970年代になるとマンガの中の教師に求められていた理想的人間像が崩れ，主人公教師がもっている非教師的文化も変容する。その典型が『ゆうひが丘の総理大臣』（望月あきら）である。

その主人公である大岩雄二郎は日本一の東西大学を卒業し，コロンビア大学に留学した学歴エリートである。しかし彼の身なりはいつも汚く，女生徒の体を平気で触り，しかも毎夜駅前を酔っぱらって歩く。ある生徒は「この先生はとくにひどく呑んべえで金使いが荒くて不潔で　音痴で…その上スケベでずうずうしい」と評している。こんな教師が生徒の抱える問題を1つずつ解決し，ほかの教師以上に生徒から慕われる。そうした教師と生徒の心の交流を『ゆうひが丘の総理大臣』は描いている。

1970年代にはとくに少女マンガで同様の設定を用いたものが多い。つまり，主人公は大岩雄二郎ほどではないが，「不良」であったりジーンズやミニスカート姿で登校したりと「教師にはあるまじき」人間臭さをもっている。これはこの時期に浸透した管理主義教育が生徒からだけではなく教師からも人間性を奪い取っていった結果なのかもしれない。子どもは現実世界で人間性を失った教師に代わり，マンガの中にこうした人間臭い教師を求めたと考えられるだろう。

その結果，1970年代のマンガに現われる教師は，わんぱく先生を熱血たらしめていた要素を失ってしまった。その教師像は必ずしも理想的人間像と重なり合わない。非教師的文化をもってはいるが，それは逸脱行動であり，わんぱく先生のように正義感によるものではない。また情熱がないわけではないが，それほど強いものではない。生徒が問題を起こした時にのみ主人公教師の教育に対する情熱が示されるのであり，いつも積極的に生徒とかかわり，生徒の私生活にまで分け入っていくわけではない。

つまり，すでに1970年代にはマンガの中から熱血教師は姿を消していたこ

とになる。テレビドラマで青春教師ものが人気を博し，そして金八先生が現われる前に，マンガに現われた教師は大きく変容していたわけである。

2. 不良教師の時代

　1980年代になるとマンガに現われた教師は再び大きく変化する。その一番の変化は教師の文化に現われる。つまり，教師マンガの主人公は不良になってしまう。

　『コンポラ先生』（もとはしまさひで）の主人公である晴海大二郎は，同僚の音楽教師島村真知子とともに，かつては警官をも恐れさせる不良であった。しかし2人は更生して教師になる。島村は自分の過去を隠し「よい教師」たろうとするが，晴海は元不良であることを隠そうとせず，生徒が問題行動を起こした際には，元不良であることを利用して解決していく。したがって晴海は教師に反感をいだく生徒との決闘を避けられないものと考える。また，不良グループ間の対立も，その先輩という立場から不良グループの「面子(メンツ)」を立てながら解決する。そうした中で晴海は生徒の心をつかんでいく。

　このような晴海大二郎の姿は，ある意味での理想の教師像であったのかもしれない。それは不良や「落ちこぼれ」の気持ちを理解できるのは，晴海のように，過去に問題行動を起こした教師であるという考え方によるのだろう。

　ところが1980年代後半になると，不良は更生しなくなる。つまり不良がそのまま教壇に立つのである。

　『はいすくーる仁義』（水穂しゅうし）の主人公安芸情二は，地獄のキューピーという通り名をもつヤクザであった。それがたまたま教員免許をもっていたため組長の命令で教師となる。学校内においても彼の行動は粗暴であり，赴任直後から学校内で生徒との闘争を巻き起こしてしまう。安芸と行動をともにするようになる3人の生徒は彼を慕ったわけではない。生徒は力で押さえ込まれたのだ。しかし安芸と行動をともにするうち，生徒は彼に心を開き，一種の友情のようなものが芽ばえていく。ただし，安芸の行動は生徒を思いやってのことではない。基本的には自己の面子を保つためであり，その必要がなければ，彼を慕う生徒でも簡単に見捨ててしまうことができる。

　こうした主人公教師の態度は『女郎』（笠原　倫）などにおいても同様であ

り，不良教師はいずれも自己中心的に行動する。不良教師は自分の利益を優先し，みずから積極的に生徒を救ったりはしない。

　主人公教師の自己中心的な行動は，『GTO』（藤沢とおる）にも引き継がれている。主人公鬼塚英吉は次つぎと生徒の問題を解決し，生徒との関係を深めていく。しかし，鬼塚は積極的に生徒に関与して生徒の心を開いたのではない。むしろ生徒，あるいは同僚教師によるいやがらせや罠を解決する過程で生徒の心をつかんでいる。つまり鬼塚が行動を起こし，懸命に努力するのは生徒を思いやってのことではない。「担任イジメ」などにより危機にさらされた自分の身を守るためであった。

　こうして現代の不良教師からは熱血教師の要素がすべて消失したことになる。不良教師はもちろん理想的人間とはいえず，非教師的文化は不良という反学校文化へと変容した。さらにかつて熱血教師がもっていた教育への情熱は彼らの自己中心的な行動により消失してしまった。

3．マンガが示す現代の教師像

　マンガに現われた不良教師はすべて教師側の人間ではない。反学校文化を身につけた彼らは，常に教師としてマージナル（最低）な存在でしかありえず，同僚教師からはうとまれ嫌われている。かといって不良教師は生徒側に属しているわけでもない。そのことは主人公教師が赴任した際に生じる生徒との対立に如実に現われている。生徒と同じ反学校文化を身につけた教師がいても，そうした教師が生徒集団にかかわることを生徒は激しく拒絶する。つまり不良教師であってもそれが「教師」である限り，生徒の「仲間」にはなり得ない。このように教師マンガの主人公は教師でも生徒でもないアンビバレント（両面価値）な存在である。

　このような不良教師の位置づけは，現実の子どもによる学校への明確な拒絶と不信を示している。実際の学校で教師がどんなに生徒のことを理解し，友人のような関係を築きたいと考えても，それを生徒は拒絶してしまう。教師と生徒は対立する集団であり，学校という空間では，教師がどんなに努力しても，その体にまとわりついた権威をぬぐい去ることができない。そのことを生徒は敏感に感じ取っている。

しかしマンガには教師の拒絶とまったく反対のことが同時に描かれている。生徒が抱えている問題は常に教師によって解決されるのである。

ほぼすべての教師マンガにおいて，主人公教師と生徒との対立が収まると，物語の中心は両者の交流へと移行する。この交流のしかたはさまざまであるが，その過程で主人公教師は生徒をさまざまな問題から救い出していく。つまり，教師マンガでは生徒の問題を解決するのは教師以外にあり得ず，それは現実の子どもが教師に託す思いを反映したものなのだろう。

この教師による生徒の救済は，現代の不良教師マンガのみにみられるテーマではない。1960年代の熱血教師マンガからずっと受け継がれた教師マンガの主要なテーマといってもよい。つまり現実の子どもが教師に求めるものも，1960年代から基本的に変化していないことになる。

しかし，マンガの中で教師が生徒を救い出す方法は大きく変化している。1960年代の熱血教師は，教育への情熱により生徒の生活に分け入り，強引に生徒の心を押し開いた。そうすることで熱血教師は無理にでも生徒の問題を解決してきた。だが，情熱を失った不良教師はけっして生徒の中に分け入ろうとはしない。生徒の問題は無関心を貫く不良教師に降りかかってくるのだ。不良教師はその火の粉を払うことで生徒の問題も解決してしまう。

現実の子どもが求めているのも，こうした教師の姿なのだろう。教師に干渉されたくない，押しつけられたくない，まして自分が抱えている問題を教師にのぞき見られたくはないと子どもは考える。しかし，それでも子どもは教師によって問題が解決されることを望む。まさにマンガのように無関心を装っていた教師が突然現われて自分を救い出してくれることを願っている。こうした心理で現実の教師を見れば，そのような救済が可能な者など存在しない。つまり，現実の社会には子どもにとっての「よい教師」は存在しないことになってしまう。現代の不良教師マンガはこうした子どもの屈折した心理を表わしている。

◀3節▶ さらなるメディア研究に向けて

2000年前後からマンガに現われる教師像は新しい局面を迎えている。すな

わち，熱血教師の再来であり，それを代表する作品が『ROOKIES』（森田まさのり）であろう。その主人公は，まさに絵に描いたような熱血教師，川藤幸一である。

『ROOKIES』の物語は，熱血教師，川藤が新任教師として赴任するところから始まる。川藤が赴任したのは，不良のたまり場のような学校である。中でも野球部には不良が集まっており，公式試合中の暴力事件で出場停止になるほどであった。川藤は，野球部の監督となり，持ち前の熱血指導で生徒を野球部に一人ずつ呼び戻す。そして甲子園という「夢」を実現するために野球部の活動を再開する。

『ROOKIES』の川藤は熱血教師というよりも，そのパロディとして描かれている。すなわち，川藤の行動は，60年代から70年代のドラマに描かれた熱血教師をなぞるものである。『ROOKIES』を象徴する言葉として使われている"ONE FOR ALL"も，1980年代初頭のテレビドラマ『スクール・ウォーズ』から引かれたものだろう。生徒との野球部入部をかけた勝負，「夢」というキーワード，そうしたものの多くが，かつての熱血教師を彷彿とさせる。当時の熱血教師と川藤が異なるのは，その熱血さが生徒から笑いの対象にされることである。川藤がまじめに行動すればするほど，生徒たちはそれを笑いものにする。しかし，そうした川藤に生徒たちは惹かれ，野球部に戻ってともに「夢」を追うのである。

こうして再びマンガに熱血教師が描かれるようになったということは，読者である子どもたちの教師へのまなざしが再び変化したことを示している。すなわち，2000年ごろから，これまでの不良教師にとどまらない，強い情熱をもった教師が求められるようになったのかもしれない。

このように最近の教師像の変化について，さらに分析を続けることで近年における教師と子どもの関係を明らかにすることができる。そして分析対象をさらに広げることで子どもと社会の変化がより明確になることだろう。つまりメディア研究によって新たな変化を敏感に感じ取れるようになるのである。

本章ではマンガ分析の一面を取り上げたにすぎないが，学校生活を舞台にすることが多いマンガには教師像以外にも数多くのテーマがある。また子どもにとって重要なメディアはテレビ，映画，小説，そしてテレビゲームなど多岐に

わたる。さらに現在ではインターネットやｉモードなど双方向的なメディアが次つぎと広がりつつある。つまりこれからの子どもはいっそう多様なメディアに取り囲まれるようになる。

　こうした多様なメディアは「サブカルチャー」として教育研究の舞台からは排除される傾向にあった。しかしながら本章で指摘したように「教育的」ではない「サブカルチャー」としてのメディアも現代の子どもの生活と考え方を知るうえでは非常に重要な研究対象である。また本章では内容分析の事例のみにとどめたが「サブカルチャー」としてのメディアがどのように受容されているのかの検討も不可欠である[3]。今後の子ども研究においてメディアは大きな研究課題の１つとして取り上げられるべきであろう。

(1) メディアの社会学的分析については吉見（2000）が，また教育とのかかわりについては片岡（1994）が参考になるだろう。
(2) ２節での論考は山田（1999）を加筆修正したものである。
(3) 近年のサブカルチャーとメディア受容の関係については吉見（2000, 2001），本橋（2002）などカルチュラル・スタディーズによる研究が参考になるだろう。

読者のための推薦図書

● 『岩波講座現代の教育第８巻　情報とメディア』　佐伯　胖・黒崎　勲・佐藤　学・田中孝彦・浜田寿美男・藤田英典（編）　1998　岩波書店
● 『文芸の教育社会学』　片岡徳雄（編）　1994　福村出版
● 『リーディングス日本の教育と社会⑩　子どもとニューメディア』　北田暁大・大多和直樹（編）　2007　日本図書センター
● 『マンガが語る教師像』　山田浩之（著）　2006　昭和堂

12章
グローバル化と教育

　グローバル化は、国境の壁を越えた人・モノ・金・情報の流れの拡大であり、教育もグローバル化の潮流に巻き込まれている。グローバル化は人の移動を大規模に促進し、日本において出入国する人々を急増させている。それにともなう教育の課題を、留学生の移動、海外子女や帰国児童生徒の教育、そして近年社会問題化している外国籍の子どもに対する教育の実態に焦点をあてて理解する。また、グローバル化時代に向けて、どのような能力を育成することが教育に求められているのかを、国際競争に生き残るための人材育成と、地球的課題の解決に貢献する人材育成の両視点から考察する。

1節　グローバル化の影響

1．グローバル化とは

　近年、国境を越えた人・モノ・金・情報の流れが拡大している。グローバル化とは、人・モノ・金・情報などの国境を越えた大量の移動を指し、世界各国がボーダレス社会（国境のない社会）に向かう状態であり、地球的規模の相互依存関係をもたらしている。

　ソ連の崩壊によって冷戦終結となった1990年代以降、経済がグローバル化する中で、アメリカが中心となって新自由主義的な経済秩序の再編が行なわれた。そこでは、人々の生活水準や環境保全に関係なく市場原理により利益の追求が行なわれている。農業や特定産業分野の市場自由化に反対して、反グローバル化を唱える動きも一方ではある。グローバル化は今後も進行していくが、2008年に米国の金融機関が破綻したのを契機に、金融市場の自由化が行き詰まり、世界的な経済不況に陥った。

2．国境を越えた人の移動

　国境を越えた日本人の移動として，1960年代と70年代の高度経済成長期に，商社などのビジネスマンが日本から欧米圏を中心に進出した。1985年の「プラザ合意」以降円高となり[1]，貿易摩擦を回避するため，また現地生産が有利となったので，製造業を中心に海外に工場が移転し，欧米圏のみならず東南アジアや中国に日本企業が進出した。

　日本の経済成長や円高に支えられて，海外旅行が大衆化して海外への渡航者数が急増した。日本人の出国者数をみると，1985年に年間495万人であったものが，2000年には1,780万人となり，その15年間で3.5倍の日本人が出国するようになった。しかしそれ以降の2000年代は，米国同時多発テロ，SARS（重症急性呼吸器症候群）感染，新型インフルエンザの流行などの影響で，出国者数は伸び悩んでいる。

　在日外国人については，来日した時期によりオールドカマーとニューカマーに分けられる。オールドカマーは，戦前・戦中に旧植民地から来日して日本に定住した在日韓国・朝鮮人が中心である。

　ニューカマーとは，高度経済成長期以降に来日して定住するようになった在日外国人のことである。ニューカマーの変遷をみると，1980年代前半はフィリピン，タイ，台湾，韓国からの外国人労働者が多かった。1985年にはインドシナ難民定住枠が1万人となり，ベトナム，カンボジア，ラオスなどからインドシナ難民の入国があった。1985年以降の円高によって，日本の高い賃金を求めて，パキスタンやバングラディッシュなど南アジア，そしてイランなどの中東地域からもアジア人労働者が入国した。国内の人手不足から，1990年6月に「出入国管理法及び難民認定法」があらためられ，ブラジルやペルーなどから来た日系人の在留資格が「定住者」扱いとなり，日本での就労が許可された[2]。それ以降，南米などから職を求めて多くの日系人が家族をともなって来日するようになった。在日外国人の数は，円高前の1980年に73万人であったが，2008年には221万人と3倍以上に急増した。

　他方で日本人の国際結婚は，2006年に4万4千件となり過去40年間で10倍に増えた。日本における婚姻数全体に占める国際結婚の比率も上昇し，2006年の国際結婚比率は6.1％となっている。しかし，日本人の国際結婚の場合，夫

日本人・妻外国人のほうが，妻日本人・夫外国人よりも4倍ほど多い。以前の外国人妻の国籍は，2世や3世の在日韓国・朝鮮人と考えられる韓国・朝鮮籍の女性が多かった。ただし，1992年以降の国際結婚相手はフィリピン人女性が最多となり，1997年以降は中国人女性が最多となって現在まで続いている。

2節　教育のグローバル化

1. 留学生の流れ

　留学には，その国の言語の習得と文化への適応が必要で苦労が多いが，若者たちはチャレンジ精神で留学を志している。米・英・仏・独などの欧米諸国は，世界各地から留学生を多く集めてきた。近年のグローバル化を背景として，人材の流動性が増して留学が活発化し，留学生はほとんどの国で増えている。世界の留学生数は，1975年に61万人であったが2005年には273万人へと，30年間で4倍以上に拡大した。2006年における受け入れ留学生数の多い国は順に，アメリカ（58万人），イギリス（37万人），フランス（26万人），オーストラリア（25万人），ドイツ（24万人），中国（16万人），日本（12万人）である（OECD統計）。

　次に，日本が受け入れている留学生（2008年に12万3,829人）の出身国を見ると，中国（58.8％）からが最も多く，韓国（15.2％）そして台湾（4.1％）の順であり，これら東アジア3国からの留学生を合計すると78％にもなる。日本の大学等で学ぶ外国人留学生については，1983年に「留学生10万人受入計画」がスタートして以降，留学生数が急増し，2003年にその目標を達成した。文部科学省は教育の国際化を推進するために，2020年を目途に30万人の留学生受け入れをめざす「留学生30万人計画」を2008年7月に新たに策定した。

　他方，日本人留学生（2005年のOECD統計で80,023人）の送り出し先を国別でみると，アメリカ合衆国（48.3％），中国（23.6％），イギリス（7.7％），オーストラリア（4.2％），ドイツ（3.0％）の順である。近年，日本からアメリカへの留学生数が減って，経済発展がめざましい中国に行く留学生が増えている。ただし，カナダやニュージーランドを含めた英語圏に行く者が日本人留

学生の63％を占めており，中高等学校における英語教育の影響がある。日本以外でも，中国や韓国などアジアの多くの国で，アメリカが第1の留学先となっている。

　留学主要国には多数の留学生が流入しており，留学生受け入れはその国の大学の国際競争力を増すための方策の1つとなっている。留学生の受け入れが，大学に高い教育水準とカリキュラムの世界的標準化をうながし，そのことが外国からの留学生に高く評価されて，その国への留学をめざす学生がさらに増えるという好循環が生じている。

　学生個人にとっての留学の効用としては，①最新の知識や技術の習得，②個人の経歴を高め就職条件をよくする，③国際的活動能力や外国語能力の獲得，④海外生活の体験と国際交流の実践，⑤国によっては国内の政治的弾圧や差別からの回避，などがある（杉本，2008）。

2．国境を越える子どもたち

　日本の経済発展と，子どもの移動で生じる教育問題には密接な関連がある。まず日本人が海外に行く場合においては，高度経済成長期（1955－1973年）に日本企業が海外に進出して在外日本人（海外在留邦人）とその子どもが増え，それにともなって「海外子女教育」が課題となった。その数年後にはその子どもたちが大勢帰国するようになり，彼らを受け入れる「帰国子女教育」が課題となった。

　1960年代から，在外日本人の子どものために，海外に日本人学校が作られるようになる。海外子女の就学形態は現地の教育状況により大きく異なり，英語が授業言語である北米では，現地校に行く者が多く，現地校に通いながら近隣にある日本語補習授業校に通う割合が高い。ヨーロッパでは，現地校に行く者や，それと並行して補習授業校に行く者が多くいるが，日本人学校に通う者も3割ほどいる。途上国が多いアジアにおいては，施設・設備が整った日本人学校に通う子どもの割合が8割と高くなる（佐藤，1999）。

　次に，海外から日本に来る子どもの場合では，外国人ニューカマーの増加にともない，日本語を話せない外国籍の子どもの数が増えたことで，公立学校では外国人の子どもの教育が課題となった。その1つとして日本語指導

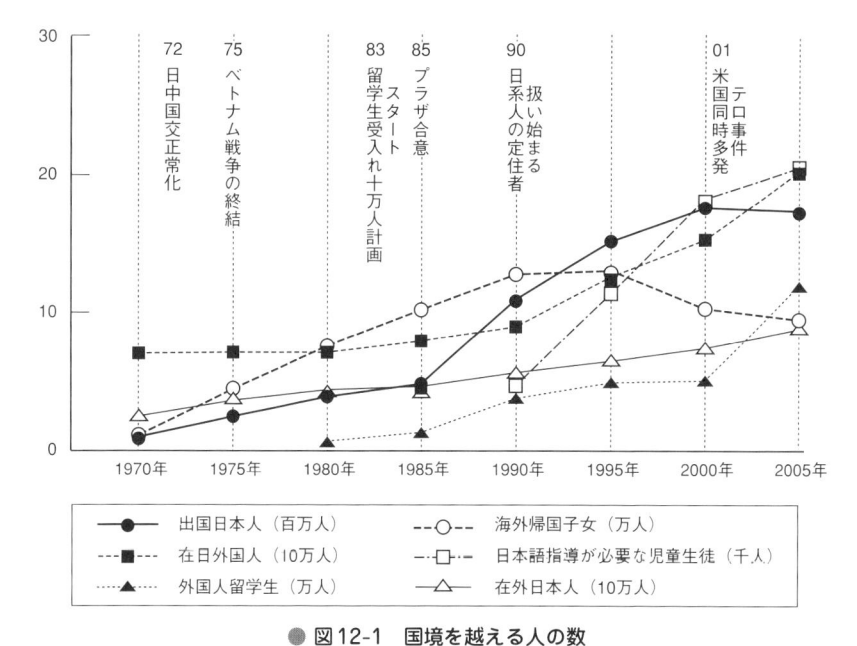

● 図12-1　国境を越える人の数

（注）各項目横の（　）内の単位は，グラフの数値を読みとる単位を示す。たとえば，1970年の在日外国人数は70万人である。

（JASE：第二外国語としての日本語）が必要となった。日本の小中高等学校に通う外国籍の子どもの数は，戦後長い間9万から10万人台であったが，1980年代までに日本語指導で大きな問題とならなかったのは，外国籍の子どもの多くが在日の韓国・朝鮮人の2世や3世で，日本語ができたからである。

2000年代に入ると在日外国人はさらに増加し，日本語が通じない外国籍の子どもは，さらに増えている。公立小学校だけをみると，日本語指導が必要な児童数は2007年には18,142人であり，1991年の4.5倍となっている。公立中学校で日本語指導が必要な生徒数は，2007年では5,978人となり，1991年の4.0倍となっている。それにともない，教師は日本語が通じない外国人の子どもを担当したり，その保護者と接触したりする機会が多くなった。

公立小中学校に在籍する日本語指導が必要な外国人児童・生徒の母語（第一言語）を示したのが表12-1である。日本語指導が必要な子どもには，南米出身の日系人の子ども，中国帰国孤児と一緒に来日した子どもや孫（中国帰国孤児

● 表12-1　日本語指導が必要な公立小・中学校児童・生徒数の変化

母語（第一言語）	1991年		2000年		2007年	
	人数	割合	人数	割合	人数	割合
ポルトガル語	1,932	35.3	7,297	41.8	10,031	41.5
中国語	1,624	29.7	4,882	27.9	4,453	18.4
スペイン語	596	10.9	1,971	11.2	3,317	13.7
フィリピノ語	121	2.2	900	5.1	2,742	11.4
韓国・朝鮮語	326	5.9	619	3.5	827	3.4
ベトナム語	263	4.8	483	2.7	793	3.2
英語	155	2.8	440	2.5	543	2.2
その他	446	8.1	851	4.8	1,414	5.8
計	5,463	100％	17,443	100％	24,120	100％

（注）平成3年，12年，19年の文部科学省調査より（各年9月1日現在）

子女），外国人妻の子どもなどが含まれている。1990年以降，小中学校では，ポルトガル語（ブラジル人）とスペイン語（ペルー人など）を母語とする子どもが急増した。日本語指導が必要な子どもの在住地をみると，東海・関東の工業地帯に集中し，多い順に愛知，神奈川，静岡，東京，大阪の各都府県でそれぞれ千人を超えている。

　日本の子どもの海外子女教育が課題となったのが1960年代と70年代であり，約20年間のタイムラグ（時間差）の後の1990年代と2000年代に，在日外国人の子どもの教育が社会問題化した。

　外国人の子どもの教育機会としては，外国人学校と日本の公立小中学校の選択肢があるが，一般に外国人学校はその設置数と地域が限られ，授業料が高いことが多い。法務省の在日外国人統計によれば，2006年に5歳から14歳の登録者数は約12万8,300人である。群馬県大泉町と岐阜県可児市による調査によれば，学齢期の外国人の子どもの不就学率は5％から10％の水準にあるという（駒井，2009）。子どもの権利条約の第28条は，「締約国は，教育についての児童の権利を認めるものとし，この権利を漸進的にかつ機会の平等を基礎として達成するため，特に，初等教育を義務的なものとし，すべての者に対して無償のものとする」とある。教育はすべての子どもの共通の権利であり，国家にはそれを提供することが求められている。2008年の金融危機以後の日本の経済不況は深刻であり，外国人の親の失業により転居や帰国したり，また授業料が払えないなどでブラジル人学校などの児童生徒数が減少し，経営が困難に

なっているという（小内，2008）。日本においては，人権を重視した多文化的な国民国家の形成の視点から，学齢期にある外国籍の子どもに対する教育的対応が急がれている。

3節 グローバル化時代への対応

1. 期待される能力

　グローバル化時代の教育の国際化について，文部科学省によれば次のことがめざされている（「国際教育交流政策懇談会」2009年1月発足）。①国際理解教育の推進，②外国語教育の充実，③海外子女教育の充実，④帰国児童生徒に対する教育の充実，⑤外国人に対する教育の充実，⑥留学生交流の推進，⑦大学の国際競争力の向上，などである。

　グローバル化時代においては，外国との「共存・協力」が必要である。今日では開発問題や地球温暖化問題といった地球規模の課題に，各国の人々が協力しながら対応することが求められ，「持続可能な発展のための教育（持続発展教育）」が必要とされている。日本という生活の場に密着して行動できる日本的な国際人をめざして，Think globally, act localy（地球的視野で考えて，地域で活動する）な態度を育成することが求められる。

　それと同時に，国際競争に生き残るための教育が必要とされる。グローバル化は大きな変化をもたらすので，基礎的な知識や技能を活用し，課題解決するための思考力と判断力を育成しなくてはならない。社会の変化が激しいので，習得した知識や技能が陳腐化しないよう常に更新する必要もある。

　日本は国際学力調査に1964年から参加してきたが，近年は日本の順位が下がったこともあり，国際競争力とのかかわりで，学力の低下が懸念されている。とくに注目されているのがPISA（Programme for International Student Assessment）である。PISAとは，OECD（経済協力開発機構）による「国際的な生徒の学習到達度調査」のことである。2006年のPISAの結果によれば，日本は「読解力」「数学的リテラシー（応用力）」「科学的リテラシー」のいずれも，2003年と比べて国別順位を落とした。PISAは「新しい学力観」に近い

学習到達度をみようとしているだけに，日本がトップグループから落ちたことが問題視された。

グローバル化時代の能力として，国際的な情報ネットワークを利用し参加する能力を高めるために，次世代の子どもたちの英語能力を高め，コンピュータを使いこなせるように育成することが，教育課題とみなされている。こうした子どもたちを育てる教員の養成において，1998年に教員免許取得要件として「外国語コミュニケーション」と「情報機器の操作」の単位取得が義務づけられた。一方子どもに対しても，2008年版の小学校学習指導要領により，小学校5・6年生時に「外国語活動」が新設され，年間35時間の授業が行なわれることになった。

2. 若者は異文化理解を

かつての日本は貧しく，海外に行きたいハングリーな若者にとって『何でも見てやろう』（小田，1961）は入門書であった。豊かな時代になって海外旅行がブームとなり，語学研修や留学のために多くの若者が海外に出かけた。近年は，大学生の卒業旅行でも海外に気軽に行けるようになっている。ただし，2003年をピークとして，日本人留学生数は減少している（株式会社トゥモロー調査）。

海外への旅行者や留学生の減少の原因は，単に少子化の影響だけでなく，海外の情報や商品は日本でも手に入るので，あえて海外に出かけようとする若者が少なくなっていることにもある。若者たちのコミュニケーション能力が低下していると指摘されるが，多文化的な国際社会が現状であり，若者たちが異文化の人々と積極的に交わり，海外に行く気力を高めることが望まれる。

(1) プラザ合意とは，1985年9月22日，ニューヨークのプラザホテルで行なわれたG5（先進5ヵ国蔵相中央銀行総裁会議）での合意である。G5で各国通貨の「ドルに対する秩序ある上昇が望ましい」ことが合意され，それ以後円はドルに対して上昇し円高となった。

(2) 日本での在留資格は，永住者，特別永住者，定住者，日本人の配偶者，留学，その他，に分けられる。「永住者」の在留期間は無期限，「特別永住者」とは，旧植民地の朝鮮・台湾出身の住民および日本国内で出生したその子孫が含まれ在留期間は無期限，「定住者」は在留期間は2年または1年である。

読者のための推薦図書

- 『グローバル化と学校教育』 嶺井正也（編） 2007　八千代出版
- 『教育の比較社会学　増補版』 原清　治・杉本　均・山内乾史（編） 2008　学文社
- 『エスニシティと教育』 志水宏吉（編） 2009　日本図書センター

13章
競争化社会と平等・格差問題

　受験競争をはじめ，体育・スポーツの競技会，音楽や美術の分野でのコンクール，ロボット制作等技術の優秀性を競い合う大会など，競争という現象は今日の子どもの生活や学習に深く浸透している。もちろん，競争は子どもの世界にだけみられる現象ではない。大人社会の反映でもある。今日の社会は競争化社会とよばれるが，競争を社会発展の原理として位置づけ，あらゆる場面で競争を組織化し，その結果を用いて個々人を評価し賞揚する。ゆきすぎた競争には批判はあるが，子どもの生活や教育から競争をすべて排除することには，社会的承認は得られない。以下，学校内外での子どもの生活や教育にとって，競争をどのように考えればよいのか，とくに，今日の社会でその重要性を増している平等や格差といった理念や問題とも関係づけながら考えていこう。

1節　競争化社会の到来──競争と平等との関連性

　「競争」と「平等」という2つの言葉は，今日の社会（近代社会）を特徴づけている，重要な概念であり理念である。そして，互いに対立した概念なり理念だと考えられやすいが，元来は相互補完的な関係性にある。なぜなら，「競争」を是認しないような社会，たとえば，江戸時代のような封建的身分制社会を考えれば明らかだが，そうした社会では何よりも「安定化」が重視された。自由な競争は，封建制社会を不安定なものにし，社会の変革をもたらしかねないものとして排斥された。だから，封建的な身分制度を打破し，四民平等をめざした近代社会（明治期以降）を迎えて初めて，競争は是認され，奨励されることとなった。「立身出世」といった競争を社会的に奨励する言葉が，明治期の時代精神（エートス）を象徴するものとして位置づけられている。
　1872（明治5）年にわが国の学校教育制度が成立したが，その当初から学校教育の場では，競争が積極的に導入され利用された。競争の具体的なかたちは

各種の「試験」の実施をとおして，子どもや教師，親や地域の人々が認識するところとなった。明治期の学校教育に組み込まれた試験や上級の学校への入学試験の厳しさについて，斉藤（1995）は多くの興味深いデータを提示している。

その1つは，創設当初から小学校で，進級や卒業にかかわる厳しい試験が多用されていたこと。たとえば，「学制」期の小学校は，「下等小学，上等小学に区分され，それぞれ半年ごとに一級を修了するもの」とされ，「修業年限は，いずれも八級から一級までの四年間」「上下等小学を合わせて八年間」であった。中学校も同様の八年課程。そして，試験の回数と種類は，「下等小学で第八級から第一級までの八回，上等小学でも同様に八回，計十六回の試験」（進級試験）と「上等・下等の卒業時にも計二回の大試験」（卒業試験）があった。これらの試験に合格して初めて卒業できる。そして，明治10年ごろには詳細な試験規定を地方で制定し，厳密な実施がなされた。また，6つの試験形態（進級試験，卒業試験，月次試験，臨時試験，比較試験，巡回試験）とか，試験にかかわることとして落第率，不受験者，受験料，中途退学，教員の不正行為，村民の対応などが明らかにされている。そして斉藤は，試験が広範に浸透した条件として，進級の条件を年齢や就学期間でなく，到達すべき学力水準（教育内容）においたこと，明治政府の政策の理念として「四民平等」を打ちだし，それを象徴したのが試験制度であったことなどを指摘している。

2つ目は，明治期も後半になると，「中学校」「高等学校」への入学試験をめぐる競争が激しくなっていることである。斉藤は，有名な高等学校への入学競争などは，「十五人対一人，二十人対一人と号する程の激烈な競争」と表現されていることを当時の教育雑誌の中から見いだしている。中学校からの高等学校への合格率は，「平均してほぼ二割から四割」「当時大量に出現していた浪人」は，明治30年代後半には，「入学者の四割前後」を浪人が占め，「四浪」「五浪」もいた。「現役合格者の割合が年々減少している」ように入学試験が厳しかった。また，中学校への入学試験も厳しく，さらに厳しい進級制度による大量の落第や中途退学の状況が報告されている。なお，明治期の入学試験に関する研究は多い。たとえば，天野（1983）や竹内（1991）などがあげられる。

以上のような試験による進級制度や入学試験にかかわる競争は，席次，優等生への報賞制度などで，より強化されていた。しかし，私事であり一般化はで

きないが，明治24年生まれの祖母から「昔は，中学校や高等学校に進学できるのは，村や町で1人ぐらいで，金持ちの家の男の子だけだった」と聞かされたことがある。たしかに当時の進学者数をみると，祖母の話も多少の誇張はあるが，それに近い現実もあったのではないか。つまり，複線型の学校制度をとる明治時代にあって，大学への進学につながるコースである「中学校」や「高等学校」への進学（男子のみ）は，村や町の中で，最も裕福な階層とか，上級学校への進学に特別な価値を見いだした階層の子弟だけに機会は限られていた。一定の条件を満たす階層の子弟だけに開かれた進学の機会だったのであり，そうした子弟だけが参加できた激しい進学競争であった。明治期の進学競争がいかに厳しいものであっても，社会的階層差を超えて，すべての子どもたちに開かれた平等な条件の下での進学競争ではなかった。

　形式的だけでなく，実質的に進学機会が開かれてきたのは戦後になってからである。とくに1960年代以降の経済の高度成長による国民所得の上昇の時期からである。つまり，国民所得の上昇が進学機会の平等化をもたらし，その結果として，ほとんどすべての子どもを進学競争に巻き込むこととなった。特定の限られた人や階層の問題であった進学競争が社会全体の問題となった。

　今日，競争が社会のいろいろな領域や分野にあふれており，こうした状況をさして競争化社会とよぶ。競争化社会は平等の価値を認め，平等という価値を社会の隅々にまで浸透させるはたらきの結果として生まれてきた。平等はより多くの人を競争化社会へと導き入れるための前提条件であり，平等を社会の理念としない限り，競争は社会的に機能し得ない。

◆2節◆ 競争化社会の罪—格差問題

1. 競争と平等の乖離

　競争は社会からも個人からも無条件に歓迎されるものなのか。たしかに，競争は社会の活力を生み出す源泉であり，社会の発展にとって不可欠な条件だとみられている。また，個々人にとっても競争は知的能力，創造的能力，身体的能力などの発達を促す条件だとする考えも根強くみられる。しかし，競争には，

社会の中に格差を生みだし，人々の間に一定の差異（優劣）を浮き彫りにするはたらきがある。しかも，競争が激しいほど，そうした格差や差異は大きくなる。ところが結果として，あまりに格差や差異が大きくなりすぎると，競争というものが成立しなくなる。たとえば，経済の分野での「独占禁止法」などの措置は一人勝ちのもつ弊害を防止し，公正な競争を維持しようとする社会的装置である。

　競争に参加するもの（者）の間での差異や格差が大きくなりすぎ，乗り越えられない程の大きなものになると，「平等」と「競争」がもはや相互補完的な関係性を保ちきれない。両立しがたい矛盾した対立概念となってくる。「平等」により高い価値をおくと，競争の結果生まれてくる格差や差異が，不平等を生みだすゆえに競争のもつ問題性を強調するようになる。そして，この競争が不平等，さらには差別を生みだすと考えて，「競争」を排除したり，競争を嫌悪する方向を選択することとなる。すなわち，競争は社会の中では差別を助長し，個人の内面では優越感や劣等感を生み出し精神をむしばむ原因とみなす。また，学業成績や業績の優劣評価がその個人の人間性の優劣評価に転化するので，競争の奨励は人権にかかわる問題だと考えるようにもなる。

　わが国では，高校進学率が90％を超えて，高校全入といったことが真剣に論じられたころから，競争のもつはたらきを否定的にみて，競争を批判し抑制する方向が強くなった。たとえば，教育の場での競争は個々の子どもの自主的な学習や活動への意欲を高めるはたらきよりも，他者に勝ることとか他者より優位な評価を得ることに関心を集中させがちである。つまり，競争は学習や活動への動機づけの手立て（手段）として，初めには考えられていたのだが，競争が多用される結果，競争による優劣や勝敗それ自体に関心が移り，ついには競争そのものが目的となる事態も起きる。これでは「本末転倒」で，「手段の自己目的化」である。

　競争を否定する考えは進学の問題で最も顕著に現われている。高校間格差や大学間格差を前提とした進学競争を，教育上の「差別，選別」「人権無視」につながるものとして批判する。こうした批判から，学校間格差の是正が望ましい方向だと考えられ，横並びの教育が支持されてきた。そして，進学競争を抑制する装置としての総合選抜制とか，学校群制度とか，小学区制が導入された。

たとえば，歴史的にみれば，京都府での小学区制，東京都が1965（昭和40）年に導入した学校群制度，多くの県で導入した総合選抜制。これらは小・中学校段階の校区制に近い考え方である。すなわち，居住する地域を基準として入学できる高校を限定するとか，特定の複数校からなる高校群で一括して入学試験を実施し，入学者を各高校に機械的に割り当てる入試方法である。これによりたしかに，高校間での入試成績の格差は平準化され，高得点の受験生が不合格になる比率は減少し，過度な受験競争は緩和することとなった。しかし，総合選抜制などを導入した高校での教育活動それ自体が，その制度の導入以前に比べて，充実したものになったかどうかを検証した実証的な成果は乏しい。

しかし近年，総合選抜制などを採用した公立高校に対して不信感の表明や批判の声が多くなっている。それは，校区制をとらない私立高校が広範囲から受験生を集め，受験準備教育に力を注ぎ，有名大学への合格者を多く輩出しているからである。私立学校は少子化社会を迎え，生徒確保が学校経営上の課題となり，有名大学合格者の増加を生徒確保の戦略と位置づけている。こうして，都市部の私立学校の生徒確保をめぐる競争が公立校の地盤低下をもたらし，それが公立校の横並び意識への批判を生みだすこととなった。そして，東京都の学校群制度の廃止の動きとか，個性ある高校，特色ある高校づくりといったスローガンのもとに，高校間の競争を奨励するような方向が打ちだされている。

2. 子ども社会の分化

わが国の教育が抱える数多くの問題の原因として，社会の不平等が直接に反映している場合が少なくない。落ちこぼれ，学業不振，怠学などの教育問題とか教育病理とよばれる現象は，各学校での教育のあり方とか，個々の子どもの素質や能力といった要因だけから派生しているものではない。親の教育観，家庭の経済的条件などの社会的環境的な要因が影響力を及ぼしている側面も少なくない。たとえば，大学進学では，家庭の経済的条件が大きな影響要因になっていることはよく知られている。有名大学とよばれ，いわゆる偏差値の高い大学ほど，ホワイトカラーの管理職層の裕福な家庭出身者が多いといった傾向がみられる。つまり，大学・高校への進学競争において，優位な地位を占めることができるのは，子ども自身の能力も重要ではあるが，それだけでは十分とは

いえない。小学校入学以前から塾などの学校外の学習機会に，何万円という月謝を支払うことが可能な家庭であるとか，早い時期から進学をたいせつなことだと考え，遊びたい欲求を抑え，見たいテレビをがまんし，受験勉強に取り組むことをいとわないとする価値観をもつような家庭での育ちにも関連している。

　実証的なデータにより，その実態をみてみよう。たとえば，学習時間の長さに着目してみる。苅谷（2000b）は，1979年と1997年に高校生の学習時間調査を行なっている。その調査結果で，成績の上位校と下位校間での学習時間の差，進路希望校別にみたそれぞれの学習時間の差が大きいことを指摘するとともに，出身階層（父親の職業と学歴）別の学習時間の差を明らかにしている。すなわち，1979年に比べ1997年には学習時間の階層間格差が広がっていること。父親の職業別では，学習時間がもっとも多いのは「専門・管理職」，以下「事務職」「販売・サービス職」「自営業」「マニュアル職」「農業」の順である。どの職業でも学習時間が減少してはいるが，「専門・管理職」「販売・サービス職」に比べると，「事務職」「自営業」「マニュアル職」は大幅に学習時間が減少していること。また，父親の学歴別にみても，学歴水準が高い親をもつ高校生ほど学習時間も長い。そして，「学習時間の階層差が拡大していること」，「受験競争の緩和は，勉強をあまりしない生徒たちがさらに勉強しなくなる現象をともなって進行した」と結論づけている。

　子どもの現実をみていくと，競争に参加し続けようとする子どもと，競争に乗り遅れたり，競争を無視したり，競争から逃げだす子どもとの間に，競争をめぐって子どもの世界が分化していることに気づかされる。しかもこの分化が，個々の子どものおかれた家庭の社会的経済的条件が深くかかわるようになっていることである。しばしばマスコミなどで「世襲」が問題となるが，わが国の国会議員にかぎった固有な問題ではない。程度の差はあれ，社会階層格差の固定化というべき問題である。子ども社会のこうした分化の問題は競争をただたんに否定したり批判するだけでは解決できないであろう。

　明治以降の近代社会において，社会的経済的条件で低い階層の子どもたちが「刻苦勉励」により，学業成績競争において勝ち抜くことを奨励し，それを支持してきたわが国社会の平等観を否定することは望ましいことではない。むし

ろ，これまで以上に，公平な競争を確保するような条件の整備をどう進めていくか，が課題になる。また，公正な競争を阻害する要因の排除がたいせつなことである。

◆3節◆ 競争化社会の中での子どものよりよい育ち

　さて，今日の子どもの発達や学校教育の問題を，競争化社会との関連で考えると，少なくとも競争にかかわる次の4つの課題は重要である。

　第1に，競争は多くの場合，優劣や序列を競い合う形態をとおして，競争に参加する者の間に何らかの序列や差異や格差を生みだすということである。競争の結果として生まれるこうした差異や格差を，どう考えるかである。自由放任のままでは，差異や格差はますます大きくなり，ついには，競争自体が成り立たなくなる。

　学校教育は，個々の子どもの能力の発達や個性の発揮を援助するはたらきだけを期待されているわけではない。社会への人材の輩出を期待されている（業績主義に基づく人材配分機能）。この期待があるかぎり，競争を排除することはできない。排除することは不平等の正当化につながる。機会が平等に開かれた社会でなくなると，平等の幻想が語られ，競争のもつ弊害だけを批判し，競争を嫌悪する心理だけが浸透することになる。競争と平等の関連性から，たとえば，1960年代のアメリカの「ヘッドスタート計画」のような，競争を促すための平等な条件づくりが不可欠な装置として常に必要である。

　第2は，近年，競争に参加しない子どもとか，競争から落ちこぼれる子どもが増えているという問題である。この問題は近年の学力低下の問題とも重なる点も少なくない。今日，たしかに一方で，学校での学習や活動に積極的に参加し続けようとする子どももいるが，他方で，勉強を拒否したり，勉強に消極的な態度しかとらない子どもも多いといった，競争をめぐっての分化がみられる。たとえば，幼児のころから各種の塾などに通い，受験にどっぷりつかった子どもの存在が指摘される一方で，学校文化とは相容れがたい消費社会の文化に馴染み，消費のための小遣いを稼ぎ，アルバイトに精を出す高校生は珍しくはな

くなっている。しかし，こうした子どもたちの存在は，ただたんに勉強からの落ちこぼれというラベリングでは片づけられない。なぜ，競争に参加し続けないのか，拒否するのか，無気力なのか，意欲がないのか，参加に足る能力の問題なのか，と多様な視点からの検討が求められる。

　第3は，同調的競争とか，横並び競争からの脱却の問題である。わが国の社会では，競争という場合，一元的基準のもとでの競争になることが多い。たとえば，同調競争とは，競争に参加した者どうしの間で，誰が目標達成に貢献したかを競い合う形態をとる競争である。多くの場合，その目標は所属する集団の目標であるために，誰が一番活動したかとか，誰がまじめに取り組んだか，誰が一番熱心であったかといった活動量や態度面が基準となった競争である。いわば，努力主義ともいえる誰がより多くの努力をしたかの競争である。このため，こうした競争は，目標達成の手段という位置づけから，目標達成の程度をめぐって他者に勝っているかどうかという点それ自体を目的化する。これでは生産的な競争にはならない。また，横並び競争とは，他者よりも優れすぎ，できすぎとか，逆に，はなはだ劣るとか遅れがひどいことを，よしとしないところから生じる。他者やまわりの歩調に関心を払い，合わせることに努める競争である。はみ出しを認めない考え方である。今日，子どもの不安やストレスの問題が指摘されるが，こうした同調的競争や横並び競争と無縁ではない。

　第4は，学校教育における競争では，よき競争を学ぶことをたいせつにしなければならないことである。子どもの発達を促し，学習への興味や関心を喚起させ，学習の効率を高める競争でなければならない。しかし，学校教育の現実には，望ましい競争（の効用）を考えるよりも，競争の弊害を指摘する声が大きい。もちろん，よき競争を学ぶためには，協同とか共生といった相互扶助的な関係性のもち方を同時に学ばなければならない。「共生なき競争」，言い換えると「共生を基盤としない競争」では，排他的な競争とかゼロサム競争といった相手に勝つことや相手よりも優位な地位につくことだけが競争であるといった狭い競争観に陥る。弱肉強食的とか優勝劣敗的に考えるような競争観では，競争化社会そのものが成り立たない。エコノミックアニマルと揶揄されてきた反省に立って，ボランティア精神の必要性とか，国際社会との協調を叫ぶ時代に，競争はますます嫌悪されるだけである。よき競争とよき協同をともに学ぶ

ことが求められる。

読者のための推薦図書

- 『日本の教育システム』 天野郁夫（著） 1996　東京大学出版会
- 『競争社会をこえて』 コーン，A.（著）／山本　啓・真水康樹（訳）　1994　法政大学出版局
- 『試験と競争の学校史』 斉藤利彦（著） 1995　平凡社

14章
教育問題と「いじめ」

　いじめの定義に差異があることに象徴されるように、いじめの認識や研究にもまた困難な部分が多い。けれども今日のいじめは、明らかに過去のいじめとはスタイルや内容を異にしている。その特徴や原因を考察することは、子ども世界の変化を知ると同時に、現代社会そのものの特質や、学校社会の問題点を浮かび上がらせることにも通じている。

　また、現象としてのいじめと、「社会問題としてのいじめ」とを区別して考察することも、いじめをリアルに捉えるための重要な観点である。いたずらに「いじめのためのいじめ論議」を過熱させないよう、社会問題が構築される過程を理解しておくことが重要である。

1節　いじめの定義と認知件数

1. いじめの定義

　いじめの定義は、「いじめとは何か」に関しての有効なモデルを理念化する実践的営みである。それは、現実のいじめ現象に関するさまざまなデータ（たとえば、実態調査や報告・報道・関連文献、さらにはいじめ世界を生きる子どもたちの肉声や感覚等）に基づいて行なわれる。参考にするデータの種類やそれに対する各人の理解・認識の深度にはばらつきがある。それゆえ、いじめの定義は一義的なものではなく、時代や社会によって、また各種機関や専門家個々人によってさまざまな差異がみられる。

　たとえば、文部科学省（文部省）の「いじめの定義」をみてみよう。そこにも時代による変遷がみてとれる。

　文部科学省のいじめの定義は、1994年以降、「自分より弱いものに対して一方的に、身体的・心理的な攻撃を継続的に加え、相手が深刻な苦痛を感じているものをいい、起こった場所は学校の内外を問わない」であった。

ところが，2006年の「第3次いじめモラルパニック」[(1)]の影響により，2007年に，新たな定義がなされることになった。すなわち，「当該児童生徒が，一定の人間関係のある者から，心理的・物理的攻撃を受けたことにより，精神的な苦痛を感じているもの。なお，起こった場所は学校の内外を問わない」である。この定義には，さらに次の3項目が補足的に付加されている。①いじめか否かの判断は，いじめられた子どもの立場に立って行なうよう徹底させる。②具体的ないじめの種類については，「パソコン・携帯電話での中傷」などが追加される。③これまでのいじめの「発生件数」を，「認知件数」とあらためる，である。

　すなわち，今までの「自分より弱いものに対して一方的に」という定義が，「いじめ－いじめられ関係」が流動化するいじめの実態にそぐわなくなってきたことや，今日的な「ネットいじめ」などへの対応，さらにはいじめ被害者の当事者的立場により即した形での定義が図られていることがみてとれる。

　では次に，いじめの研究者による定義を眺めてみよう。ここでは，いじめ研究のパイオニアとして著名な森田と，最近のいじめ現象も含めて「いじめの社会理論化」を図る内藤によるいじめの定義を取り上げる。

　まず森田の定義では，「いじめとは，同一集団内の相互作用過程において優位にたつ一方が，意識的に，あるいは集合的に，他方に対して精神的・身体的苦痛をあたえること」（森田・清永，1986, p.25）とされており，社会学的見地から，いじめとは集団的相互作用の産物であることが強調されている。

　内藤の定義はどうか。内藤におけるいじめの定義は，実践的な要請に応じた操作的な定義である。それゆえ，定義の網の目は，具体的ないじめ現象に応じる形で粗く設定されたり，細かくされたりする。すなわち最広義（粗い目）には，いじめは「実効的に遂行された嗜虐的関与」として定義される。そして最狭義には，「社会状況に構造的に埋め込まれたしかたで，かつ集合性の力を当事者が体験するようなしかたで，実効的に遂行された嗜虐的関与」として定義される。この場合の「実効的に遂行された関与」とは，加害者側の嗜虐意欲に基づいた行為が被害者の悲痛として現実化し，その手ごたえを加害者側がわがものとして享受していることを意味している（内藤，2001, pp.27-28）。

　最後に子どもの側に立った定義として，世界いじめ調査の質問項目を作成し

たノルウェーのオルヴェウス（Olweus, D.）のいじめ定義を紹介したい。これは，いじめアンケートを実施する際に，生徒に「いじめとは何か」を理解してもらうために工夫されたものである。

> 「誰かが，一人あるいは複数の生徒の集団から以下のようなことをされたとき，いじめられていると言います。●意地の悪いことや嫌なことを言ったり，笑いものにしたり，あざける ●完全無視をしたり，グループからのけ者にしたり，意図的にその子だけを誘いからはずす ●ぶつ，蹴る，押す，つっつく，脅す ●うその噂を流す，意地悪な手紙を出す，他の子たちがその子を嫌うようしむけるなど。これらのことは頻繁に起こり，いじめられている子は自分自身を守るのが困難です。意地の悪い心を傷つけるやりかたで繰り返しからかわれるのも，いじめです。からかいが，ほほえましくふざけてされている場合は，いじめとは呼びません。力の程度が同じくらいの2人の生徒が口争いをしたり，とっくみあいのけんかをしたりするのは，いじめではありません。」
> （森田，1998, pp.121-122）

子どもの身に寄り添った丁寧ないじめの定義といえるだろう。ただ，「意地悪な手紙を出す」は，現在ならばさしずめ「意地悪なメールを送る」となろう。いじめの定義は，時代や社会によって変わり得ることをあらためて押さえておきたい。

2．いじめの認知件数

まずはじめに，いじめは，外部から容易には見えないため，その統計上の数はあくまでも氷山の一角であることを確認しておくことがたいせつである。また，そもそも統計上の数値が正確なのかどうかきわめて疑わしい場合も多い（いじめは学校にとって不名誉なことであるから，報告は二の次になりやすい）。だから，「いじめの実数」などというものは，もともと把握することは困難である。

それでは，いじめの統計データはまったく無意味なのだろうか。もちろん決してそうではない。文部科学省のいじめデータは，いじめの定義が変更されたことで時系列上の断絶点があるとはいえ，「その定義が指し示すいじめ」に関するおおよその傾向（年次ごとの，あるいは学校種別の）を把握するには十分

意味がある(いじめの発生／認知件数に関しては,文部科学省(2008)のサイト〈平成19年度「児童生徒の問題行動等生徒指導上の諸問題に関する調査」について(2)いじめの状況〉を参照のこと)。

　いじめの統計データは,文部科学省以外にも各種機関が集計しているが,その中には集計方法をできるだけ工夫することで実態に近いデータを打ち出したものも存在する。こうしたものの代表として,国立教育政策研究所のいじめ調査がある。これは1998年から継続して行なわれている定点観測調査であり,何よりの特徴点は,「自記式の質問紙調査」という点である。

　ちなみに,2004年から2006年までの追跡調査(小4の場合は小6までの,中1の場合は中3までの学年進行に伴う3年間)の結果をみると,「仲間はずれ,無視,陰口」をされるタイプのいじめの場合,小・中ともに実に8割以上の子どもたちがいじめの被害者になると同時に,また加害者にもなっていることが明らかにされている。そこからは,被害者,加害者ともに毎回入れ替わる形でいじめが一般化しているようすが読みとれる(国立教育政策研究所,2009,pp.8-9)。

2節　学校社会といじめ

1.「いじめ」の特徴とタイプ

　1986年,その後の「いじめ」論議を方向づける記念碑的著作が出版された。森田洋司・清永賢二『いじめ─教室の病い』である。

　森田は同書の中で,当時のいじめの今日的特徴を6点あげる。それらは,①いじめが見えにくいこと,②いじめっ子－いじめられっ子の立場の入れ替わりが見られること,③どんな差異(たとえば成績がよいとか正義感が強いとか)もスティグマ化(マイナスのレッテル貼り)の対象とされること,④いじめが集団化して行なわれること,⑤いじめの歯止めが消失したこと,⑥いじめと非行との接点が重なり合っていること,である(森田・清永,1986,pp.9-17)。このうち,最後の⑥を図示したものが,図14-1である。加害者意識が希薄化する中で,いたずら的な「いじわる」が「いじめ」や「非行」と連続性をもちは

じめ，しだいに領域が重層化し不分明化してくる。

森田が提示したいじめの特徴点は，現在でも決して色あせていない。ただ，こうした特徴点が，いじめのすべてのタイプに共通するとは限らない。

たとえば藤田（1997）は，いじめを4つのタイプに分類しているが（pp.211-215），それらの4タイプのうち，森田があげるいじめの特徴点は，第1や第3のタイプに対しては有効な観点と考えることができる反面，第2のタイプや第4のタイプでは該当しない点も多い。いじめには古典的なものから現代的なものまでさまざまなタイプがあることを，あらためて考慮する必要がある。

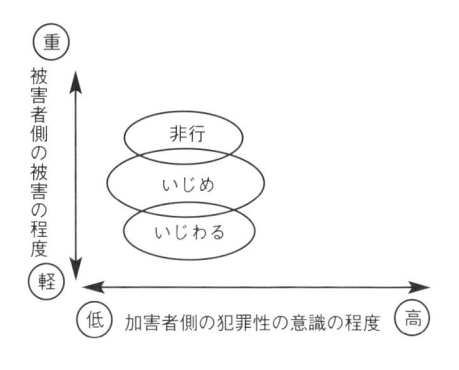

● 図14-1　いじめと非行の接点
（森田・清永，1986）

以下，藤田のいじめの4類型を確認しておこう。

第1のタイプは，集団のモラルが混乱・低下している状況（アノミー的状況）の中で起こる。この状況の中では，いじめの被害者として学級内の誰が標的にされても不思議ではなく，標的にされる〈異質性〉とは，集団の文脈の中でたまたま「目障り」で「気に入らない」と感じさせることすべてが該当する。

第2のタイプは，何らかの社会的な偏見や差別に根ざすもので，基本的には〈異質性〉排除の論理で展開する。この場合，排除の対象となる〈異質性〉が社会一般の差別規範に連接しているために，いじめの対象になる人物とそうでない人物との境界は明瞭である。

第3のタイプは，一定の持続性をもった閉じた集団の中で起こるいじめで，いじめの対象になるのは，集団の構成員であり，しかも，何らかの理由で集団の周縁に位置する人物である。このタイプは，いじめ行為がその集団内のこととして周囲から黙認されているか問題視されていないこともあり，教師を含めて部外者には見えにくい。

最後に第4のタイプは，特定の個人や集団（たとえば不良グループ）が何ら

かの接点をもつ個人にくり返し暴力を加えたり，恐喝の対象にするタイプである。このタイプは場合によっては，「いじめ」のカテゴリー内で扱うよりも，むしろ「恐喝事件」「傷害事件」として対処するのが適当な場合もある。

ところで，いじめは，その方法に着目した場合，「暴力タイプ」と「コミュニケーション・コントロールタイプ」とに大きく分類できる。暴力タイプが，「叩く・蹴る」，「傷害」「恐喝」などであるのに対して，コミュニケーション・コントロールタイプは，「仲間はずれ」にしたり，「陰で悪口」を言ったり，「無視（シカト）」するなどである。そしてわが国の場合，後者の経験率が，暴力タイプを上回っている（国立教育政策研究所，2009，pp.16-17）。こうしたタイプのいじめは，ときとして「真綿で首をしめるように一人の子を無視したり，悪口を浴びせかけ孤立させて，尊厳を奪っていく」（藤井，2007，p.66）。

コミュニケーション・コントロールタイプのいじめは，近年，携帯電話やパソコン等を媒介にして新たな展開をみせてきている。「ネットいじめ」の問題である。藤井はネットいじめの問題点として，24時間，学校生活とつながってしまうことをあげる。ケンカして家に帰っても，ブログに悪口が書かれていたり，携帯に嫌がらせのメールが来るため，リセットできないまま，一度こじれた負の感情がどんどん増幅してしまう（藤井，2007，p.26）。

荻上（2008）によればネットいじめとは，「ネットを利用したいじめ」（p.141）であり，ブログや学校勝手サイト（学校裏サイト），プロフなどを利用する形で行なわれる。ネットいじめは，学級や仲間集団などのローカルな場で行なわれていた陰口などが，ネット上であらためて再現／可視化される状態であり，問題は，ネット自体にあるのではなく，いじめの温床であるコミュニティにあるとされる（pp.104-105）。それゆえ，荻上は，性急な技術上の対応（たとえば「フィルタリング」など）でネットいじめを防止するのではなく，「いじめ学」により，いじめの温床を根本的に解決すると同時に，ネットにかかわるさまざまな関連機関との連携により対処することの重要性を提起している（pp.172-182）。

2. いじめの原因論

それにしても，いじめはなぜ学級や学校をおもな舞台として生じるのだろう

か。いじめに関するデータからも，いじめた子が「同じ学年で同じクラスの子」であるケースは約8割に達するうえに，学校の中での被害場所の7割強が「教室」であることが報告されている（森田ら，1999, pp.42-47）。

　ここでは，先述した藤田のいじめに関する4類型のうち，第1のタイプ（アノミータイプ）と，第3のタイプ（閉鎖集団タイプ）を中心にしてその原因を考えてみたい。

　まず，第1のタイプであるアノミータイプから考えてみよう。

　加野（1996）は，いじめの原因を学級内のアノミーに求めている。それによれば，わが国の戦後教育は学校における平等主義の実現に腐心してきた。それはガキ大将の駆逐に象徴されるような，クラスの子どもの地位的な平準化につながるとともに，能力の平等というイデオロギーを浸透させていった。その結果，絶対的な差異をもたない子どもたちは，誰もが近接性をもつことで，互いをモデル・ライバル関係として模倣することが容易となり，点数や偏差値などの微細な差異の競い合いゲームへと熱中することになったという。このゲームは，クラス成員全員を巻き込んで行なわれるため，欲望は相互に昂進し合い，デュルケーム（Durkheim, É.）におけるアノミー（無規制状態）が生じることになる。

　そしてこのアノミーのもとでは，あらゆる役割関係が不安定なため，たとえば〈いじめる－いじめられる〉関係も，「今日のいじめっ子は明日のいじめられっ子であるかもしれぬ」という不安状況の中で，恣意的かつ相互暴力的に演じられる（加野，1996, pp.355-358）。

　滝（1996）は，同じアノミーでも，マートン流のアノミー論からいじめの原因を考察している。マートン（Merton, R. K.）は，広く受容された文化的目標を実現するための制度的手段が不十分な時，社会的な葛藤やストレスが生じやすくなり，それがアノミー状態を出現させるとした（マートン，1961, pp.121-178）。学校場面を例にとれば，子どもたちは，よい成績をとることやよい学校に入ること，優れた運動・芸術能力を獲得するといった文化的目標を期待され，また自分自身で受容もしている。けれども各家庭での教育投資力の差や，生来的個人差により，目標に近づくための手段に偏りがあるため，不利な手段しかもたない子どもにとっては，目標を実現できないことへの焦りや葛藤が生じや

すい（滝，1996，pp.55-58）。

　滝は，学校という「場」が現在ではかつてないほど大きな存在となっているうえに，子どもたちの自我が肥大化しているため，文化的目標がますます広く高く掲げられ，制度的手段との乖離の度合いを深めているという。いじめは，こうした乖離から生じる葛藤・ストレスが生むアノミーへの1つの対応のしかた（あがきの形）だと解釈される。とりわけ，満足できない欲求へのいらだちを，他人にぶつけて憂さを晴らそうとする子どもたちが多い学級で，いじめが出現しやすいという（滝，1996，pp.58-63）。

　ところで，子どもたちのいらだちは，今日ではしばしば「ムカつく」という言葉で表現される。「ムカつく」とは「～に対して」という対象を必ずしも前提としない自己完結した言葉であるとされる（土井，2008，p.44）。なぜ子どもたちは怒りを外側に放出するのでなく，己の内部へとため込もうとするのだろうか。

　いじめの第3のタイプを考えるとき，実はこうした何かにムカつかずにはいられない子どもたちの生理的感覚が重要なキー概念となる。

　土井は，この点に関して，子どもたちの社会に広がる「優しい関係」が孕む病理的側面を指摘する。「優しい関係」とは，「摩擦のないフラットな関係」（土井，2009，p.12）であるが，この関係を維持するために子どもたちは，お互いに自分たちの対人レーダーを常時作動させ，身近な人々からの反感や彼らとの衝突・摩擦を回避することに鋭敏に気を配っている。そのため，彼らはその関係維持のために対人エネルギーの大半を使い果してしまい，結果的には人間関係が，ごく親密な人間関係の内部へと狭小化[2]されてしまう（土井，2008，pp.16-17）。「ムカつく」という現象は，こうした関係を生きる子どもたちが，他人と感情をぶつけあって対話を進めることができないまま，反発する感情を抑え込まなければならないところから生じる生理的不快感であるとされる（pp.44-45）。

　もともと学級集団とは，さほど親しくもない関係性にある子どもたちが，半ば強制的に一箇所に長期間押し込められ，「仲良くする」ことが目標化された集団である。「優しい関係」を生きる子どもたちにとってみれば，さまざまな個性が集合した学級集団内では，他者からの予想外の反応を含む葛藤場面に直面せ

ざるを得ない。こうした葛藤場面では，怒りの表明による感情の小出しがない分，「ムカつく」気分は，個々人の内部に鬱積せざるを得ない。そしてこうした負のエネルギーは「優しい関係」を侵犯したものに対して激しくぶつけられることになる。土井によればいじめとは，「優しい関係」の維持という厳しいルールへの不用意な侵犯（場の空気を乱し相手に負担をかけるなど）に対する子どもたちの激しい反発から生じる現象なのである（土井，2008，pp.46-49）。

　こうした土井のいう「優しい関係」を，内藤（2009）は「群生秩序」として定義する。すなわち，群生秩序とは，「『いま・ここ』のノリを『みんな』で共に生きるかたちが，そのまま，畏怖の対象となり，是／非を分かつ規範の準拠点になるタイプの秩序」(p.35)である。内藤によれば，こうした群生秩序は，生徒を囲い込みその行動を細部において強制する学校制度に根ざすとされる（pp.164-166）。この秩序に生きる子どもたちにとっての「悪い」とは，みんなのノリの側から「浮いている」とかムカつくというように位置づけられることである。つまり，「みんな」と同じ感情連鎖に交わって表情や身振りを生きない者は「悪い」のである。そして「浮いている」のに自信をもつ者はもっと「悪い」。子どもたちはそのような「悪い」者を，「いじめ＝遊び」の玩具として思う存分痛めつけ，辱め，新たな全能感的なノリを享受しようとする（pp.39-41）。

　さらに内藤は，群生秩序の優位が決定的になり，その圧倒的な作用が社会のすみずみにまで蔓延した状態のことを，「中間集団全体主義」と定義する。すなわちそれは，「各人の人間存在が共同体を強いる集団や組織に全的に埋め込まれざるをえない強制傾向が，ある制度・政策的環境条件のもとで構造的に社会に繁茂している場合」（内藤，2001，p.21）をさす。

　したがって，内藤のいじめ救済策は，こうした中間集団全体主義をマクロな環境条件のデザイン化（学校への市民社会的な原理の導入）によって解除することである。

　たとえば暴力タイプのいじめには，「学校内治外法権」を廃し，加害者が生徒・教員のいずれであっても，通常の市民社会と同じ基準で法に委ねることで対応すること。また，コミュニケーション・コントロールタイプのいじめに対しては，「教育バウチャー制」の導入などを視野におさめたうえで，学級制度を廃止することを提唱している（内藤，2009，pp.198-204）。

3節 いじめと「社会問題としてのいじめ」

1. 構築主義

いじめを考察するとき，現実に起こる病理現象としてのいじめと，「社会問題として語られるいじめ」とを区別し，意識化しておくことが重要である。なぜなら，われわれは通常，いじめや子どもの世界をトータルに知ることは不可能であるだけでなく，われわれがいじめに関心をもつのは，新聞やテレビでいじめがセンセーショナルに報道され，それに注目することをとおしてである（加野，1997，p.117）。それゆえ，ともすればメディアなどで社会問題視され，言説としてセンセーショナルに語られる「いじめ」ばかりに耳目が奪われ，現実のいじめに対して正確な判断を下す前に，予断や偏見をいだく危険性があるからである。

逸脱研究の分野から生まれた「構築主義」は，われわれにとって社会問題とは何かをあらためて考えさせてくれる。

構築主義によれば，社会問題とは「なんらかの想定された状態について苦情を述べ，クレイムを申し立てる個人やグループの活動である」（キツセ＆スペクター，1992，p.119）と定義される。つまり，「社会問題としてのいじめ」とは，いじめを社会にとって由々しき事態として認識し，それを根絶あるいは改善，改変する必要があると主張する一群の人々（ジャーナリスト，教育学者，評論家など）によって行なわれる活動（もっと言えば「仕事」）だということになる。いじめに関するさまざまな主張が行なわれること自体が，いじめを社会問題として成立させるアリバイになっているといってもよい。いじめを一群の人々が問題として取り上げることで，いじめは初めて社会問題化するのであって，いじめが現実的に深刻だから社会問題化するとは，必ずしも限らないのである[3]。

2. モラルパニック論

「社会問題としてのいじめ」がどのように構築されるかを，たとえばマスメディアの側面から考察する場合，手掛かりとなる有力な理論枠組みがある。そ

れが「モラルパニック論」である。

　モラルパニックとは，あるできごと（またはある社会集団）が，社会の価値や関心にとって，パニックを引き起こすほどの脅威として位置づけられ，そのイメージや意味づけがマスコミ等によって固定化されることで，道徳的防衛のためのキャンペーンや言説があふれ出し，特定の専門家たちによる制度的対応がなされるといった一連の事態のことをさす（徳岡，1987，p.228）。

　この論は，もともと災害への対応を下敷きに作られており，「警告」「インパクト」「点検」「社会的対応」といった4段階の一連の流れによって特徴づけられる。すなわち，「警告」とは，ある危険な事態が迫っていることを予測させる事件が起こり，前兆的な状況が形成されることである。「インパクト」とは，まさに危険な事態を象徴する事件が出現し，それに対して直接的でセンセーショナルな反応が起こることである。さらに「点検」とは，事態に遭遇することにより，何が起こったのか，どのような状態におかれているのかについて，大まかな見取り図を描き始めることである。最後に，「社会的対応」とは，問題の改善や根絶に向けて行なわれる，具体的な社会的キャンペーンや制度的改変のことである（徳岡，1987，pp.230-246）。

　わが国の場合，いじめ事件でのモラルパニックは過去何度かくり返されているが，第1次モラルパニックとよべるのは，1986年に起こった鹿川裕史君事件（東京都中野区富士見中学校）を「インパクト」とする一連の事態であろう。以下，その過程を見てみたい。

　すでに1978年には，滋賀県の野洲中学で，いじめグループへの仕返しを目的とする前兆的な殺人事件が発生していた。また山村ら（1993）によれば，1979年に起こった東京の中学生の自殺を報道する際に，明確な目的意識をもって「いじめ」という名詞が，はじめて登場したとされる（pp.158-159）。このころから，学級内で「いじめ」という不可解な現象が起こっているらしいことが，新聞やテレビなどでしだいに世間に報道されてくる。あわせて1980年代の初めは，尾崎豊の代表曲『卒業』に象徴されるように，全国の学校現場は，校内暴力という問題を抱えており，学校や教育への危機意識が高まる下地は十分に整えられていた。危険が生じる懸念を表わす「警告」は十分すぎるほど熟していたのである。

そして，象徴的な自死事件が生起する。「葬式ごっこ」や「生きジゴク」という衝撃的な内容のいじめは，鹿川君事件を「インパクト」として確定させた。その後の「点検」の代表は，いじめに関する文部省の全国調査の開示であろう。いじめが全国公立校で「15万5,066件」あったという調査報告が自殺報道のあった同じ月に報道されている。そして「社会的対応」が続く。当時の新聞は，海部文部大臣の談話や，全国校長会がいじめ対策を協議したり，臨時教育審議会がいじめを答申に盛ったりするといった内容を知らせている。

　モラルパニックで最も問題なのは，マスメディアが，「インパクト」となる象徴的な事件をセンセーショナルに取り上げることで，世間の関心や非難，危機意識を必要以上に喚起し，煽動しかねないことである。マスメディアによってあおられた言説は，現実を正確に反映しない仮想現実を作り上げることで，その後の「点検」や「社会的対応」のミスリードの頻発をまねく可能性がある。

　いじめをリアルに語ることも，また，いじめをリアルに聞き出すこともともにたいへん困難な作業ではあるが，本当にたいせつなのは，モラルパニックでいうところの「警告」的事象を体験した人々の現実的感覚に寄り添い，それを声にすることで，「生きた警告」として事を未然に防ぐことであろう。その意味では，「子どもと日常的に接している教師のリアリティと観察眼，いじめを訴える子どもの肉声にこそ耳を傾けていくことが，いじめの現状を知ることにおいて，もっとも大きな手掛かりの一つになる」（加野，1997，p.117）という指摘は重要である。

　また，研究が時として，社会問題の「点検」や「社会的対応」に都合よく利用され，センセーショナリズムのお先棒を担ぐこともあるのだということを，研究者自身も常に肝に銘じなければならない。

(1) 第1次いじめモラルパニックは，1986年の東京都中野区富士見中学でのいじめによる自死事件を契機にして起こった。以下，第2次は，1994年の愛知県西尾市の東部中学でのいじめ自死事件を契機にして，さらに，第3次は，2006年の福岡県筑前町三輪中学でのいじめ自死事件を契機にして生起している。ちなみに，被害者はいずれも中学二年（当時）の男子生徒であった。
(2) 森口（2007）は，コミュニケーション能力の優劣に応じて生じるクラス内の子どもたちのポジショニングを「スクールカースト」として描いている（pp.41-60）。スクールカーストという閉じられた空間内でのいじめと，スクールカースト間のパワー力の差によるいじめとの双方を考える必要がある。

(3) 太田は，「校内暴力」をモラルパニック論から分析している。それによれば，現象としての校内暴力はいまだ終結していないにもかかわらず，校内暴力をめぐるマスコミ的報道がいじめモラルパニックへと移行したため，校内暴力がすでに収束したような印象が，われわれにもたらされたという（太田，1995，pp.70-72）。

読者のための推薦図書

- 『友達地獄―「空気を読む」世代のサバイバル』 土井隆義（著） 2008 ちくま新書
- 『いじめの構造―なぜ人が怪物になるのか』 内藤朝雄（著） 2009 講談社現代新書
- 『ネットいじめ―ウェブ社会と終わりなき「キャラ戦争」』 荻上チキ（著） 2008 PHP選書

15章
次世代をはぐくむ社会体験
－サービス・ラーニングから学ぶ－

　20世紀を目前にひかえた，1900年，エレン・ケイ（Key, E.）は来るべき世紀を「児童の世紀」と名づけた。このように幕を開けた20世紀は，ふり返ると，科学主義を背景として，価値の実現に向かう試みが「子どものために」際限なく，くり広げられた世紀ともいえる。子どもは少なく生み，うまく育てなくてはならないことが常識化した（本田，2008）現在，子どもたちは，「子どものため」にとますます専用囲い地に追い込まれている（本田，2000）。しかし，そのような中で，情報革命はこの囲い地を崩壊させ，「ネットジェネレーション」（Tapscott, 1998）や，さらに，生まれながらにITに親しんでいる「デジタルネイティブ」世代（三村ら，2009；Tapscott, 2009）を生みだしつつある。21世紀の現在，ネット社会における子どもたちの人間関係も変化し，子どもたちはバーチャル空間の中で生き，現実の体感を避ける傾向にある。社会や家族形態の変化にともない，今までなら自然に培われてきた人間関係がますます希薄になり，さまざまな直接体験も少なくなっている。それゆえにこそ学校のカリキュラム内外で行なわれるいろいろな人に接する社会体験がますます必要とされてきている。とくに保育所，障害者施設や老人ホームなどの社会・医療福祉施設での「ケアし，ケアされる」（メイヤロフ，2000）ボランティア経験は，日常生活では自分の存在をなかなか確認できない子どもに「自分は役にたっているんだ」「自分は必要とされている」「やればできるのだ」という人間存在の実感を与え，自己アイデンティティの確立にも大きく寄与している。本章では，まず，ネット社会に生きる子どもたちについて述べ，次に彼らがボランティアなどの社会体験をとおして学ぶためには，社会教育と学校教育の連携（学社連携）がますます不可欠になっていることを示し，さらにすでに，サービス（奉仕活動）とラーニング（学習）を学校カリキュラムの中で一体化させているアメリカのサービス・ラーニングを紹介し，コミュニティ・サービスが民主主義国家における市民教育の一環として重要な位置を占めていることを述べる。

1節　バーチャル空間に生きる子どもたちの人間関係

1.「いい子」の非行・犯罪

　「誰でもよかった殺人」といわれる通り魔事件が新聞やテレビで頻繁に報じられているが，中でも2008年6月に起きた秋葉原通り魔事件は衝撃的であった。これは正午過ぎ東京・秋葉原の歩行者天国に男が車で乗り入れて数人をはねたあと，刃物で次つぎと通行人を刺して17名もの人に被害を負わせ，その内7名を死にいたらしめた事件である。この事件は加害者が携帯電話の掲示板を心のよりどころにするも，しだいに孤独感を深め，ついに殺人を予告する書き込みを行なうまでの犯罪プロセスが克明に記されていること（加納，2008）や，日曜日の午後，一般市民を巻き込み，犯人確保の状況や付近のありさまが携帯電話のカメラで撮影され，マスコミを通じてリアルに報道されたことでも，これまでにない特徴をもっている。この秋葉原殺傷事件後，その背景を示す新聞見出しには「親への不満供述―携帯に書き込みも」とあり，派遣社員の容疑者K（25歳）が，「家族や派遣先への不満を募らせ，社会からの孤立感を深めていったことが事件の背景にあると警視庁はみている」と書かれている（朝日新聞2008年6月11日）。この事件に関して書かれた，『アキハバラ発―＜00年代＞への問い』（土井，2008）によると中学卒業時の成績は学年でもトップクラスで，またソフトテニスで活躍するスポーツマンであったという。変化が訪れるのは地元の名門高校入学後，成績もふるわなくなってきてからだった。Kは「犯行の3ヶ月前，小・中の同級生に『死にたい』ともらし，ネット掲示板で自分の評価を問われた際も，『無価値です，ゴミ以下です』とレスを返している」とある。Kが事件4日前に書き込んだとされる携帯サイトの掲示板には「親に無理やり勉強させられていた」「中学生になった頃には親の力が足りなくなって捨てられた」（土井，2008）などと書かれている。

2．真の大人として成長する機会を逸した「幼児性」

　秋葉原通り魔事件のように自分の外に負のエネルギーが向かう場合もあるが，一方自分の内側にこのエネルギーが向かう場合は鬱，引きこもり，自殺と

なって表われることもある。

　30年以上「母と子」を見つめてきた田中喜美子は，その著書『大切に育てた子がなぜ死を選ぶのか？』（田中，2008）で，現代の日本の若者たちの「素直さ」「幼児性」が問題となると述べている。若者の「素直さ」は，まぎれもなく育ちきれない人間の「幼児性」の表われであって，それは単に母親の子育ての問題というよりは，この国の子育ての構造的な歪みの結果である。田中は次のように述べている。「欧米にはほとんどない若者たちの『閉じこもり』『引きこもり』，3万人を超える自殺者，年々増え続ける『鬱』に苦しむ人々，そして若者の奇怪な犯罪，この現実は，大量の『素直な若者たち』の出現と同一線上にある……一見異質に見える彼らをつなぐ水面下の地下茎はまぎれもなく，真の大人として成長する機会を逸した『幼児性』である」。触法少年・少女たちの治療にかかわっている京都医療少年院の岡田尊司はその著書で，こうした子どもの特徴を「誇大自己症候群」と名づけた（岡田，2005）。犯罪を犯した少年に認められる最大の共通点は，「『幼児的な万能感』と過度に高い『理想やプライド』，そしてさらに『現実感の希薄さ』であり，彼らに共通するのは『自分自身』に対する異常な，執拗なこだわりであると岡田氏はいう」「人間の発達にとって何よりも必要なほんものの『他者』の存在に目覚める思春期に，彼らは友だちを求めて，家庭という暖かい巣から飛び出していく。ところがそれまでの育ちの中で，いつの間にか，過度の『万能感』や『驕り』をすり込まれてしまった若者は『自分自身』にこだわるあまり，他者との接触の1つひとつに受けなくてよい傷を受けてしまう」（田中，2008）。服部（1985）は「経験欠乏症候群」のルーツは日本の子どもや若者の未熟性にあると指摘し，現代青年の未熟さは，幼少期からの遊び，学び，情動経験の欠乏に起因すると分析している。

3．人間関係に傷につきやすく，自信がもてない日本の青少年

　秋葉原の事件からは，ネット社会に生きる若者の人間関係の変化，メディアやネットをとおしての人間関係の危うさが見てとれる。Kが，携帯電話の掲示板を心のよりどころにしていたが，ネット世界でも無視されたと感じ，ついに殺人予告の書き込みを行なったプロセスを見る（加納，2009）と若者にとって

ネット社会は彼らの人間関係にも変化を及ぼし始めていることがわかる。今や日本の子どもは，ケータイなしでは過ごせなくなっている。日本青少年研究所（2008）の日米中韓の比較調査によると「携帯電話をもっている」と答えた日本の高校生は，96.5％に上り，次いで韓国（86.1％），米国（79.6％），中国（63.4％）で，携帯電話からのインターネット利用をする小学生は27.0％，中学生は56.3％，高校生は95.5％に及んでいる（内閣府，2007）。日本では，インターネットへのアクセスは，パソコンよりも携帯電話からが多く，インターネットに接続できる端末携帯電話を持つ子どもの増加はめざましく，低年齢化が進んでいる。このような状況下では，子どもたちの人間関係は，ネットでつながることで保たれている。携帯メールのサービスは子どもたちの人間関係に大きな変化をももたらした。いつでもどこでも，誰かとつながっておくことを可能にすると同時に，携帯電話を通じて子どもたちはネット社会における「ネットいじめ」「学校裏サイト」（下田，2008）に巻き込まれている。渡辺（2008）は『大人が知らない ネットいじめの真実』の中で，ネットいじめを行なう子どもの心境をあげている。「面と向かって『死んじまえばいいのに』というのは，すごく抵抗があるのが普通。いままでの道徳教育とかあるから。でも，文字として打つことへの教育はあまりされていない気がする。だから簡単にできちゃうんだろうなって思うし」（ネットだといじめるのが簡単 マサト・中3）。このように，友人関係のあり方も変化した。直接会っては言えないことがメールなら書くことができてしまう。ネット社会は，子どもたちが「有害」な人間関係を結ぶことをたやすくしてしまったといえる。

　秋葉原通り魔事件のKは中学時代の自己の優秀性を誇示しながらも一方で現状で「無価値です，ゴミ以下です」と自己を評価しているが，このように極端でなくとも，日本の中高生は，他国と比較して「自分をダメ」と思う傾向がある。

　日本青少年研究所（2009）の日米中韓の4か国の中高生の生活と意識の国際調査によると「私は人並みの能力がある」と思うかをたずねたところ「あまりそう思わない」「全くそう思わない」と答えた日本の高校生は46.7％，中学生45.6％と4か国中で突出している。一方，米国では最小で，それぞれ高校生は7.6％，中学生6.3％だった。さらに「自分はダメな人間だと思う」という問いにも「とてもそう思う」「まあそう思う」を合わせると，日本は高校生65.8％,

中学生56.0％と群を抜いている。他方「私の参加により，変えてほしい社会現象が少し変えられるかもしれない」という問いに「全くそう思う」「まあそう思う」という肯定的な答えが，日本の高校生は30.1％しかないのに対して，他国の高校生は，米国（69.8％），韓国（68.4％），中国（62.7％）と自分の行動の意義を肯定的にとらえている。この結果から，日本の中高生は，他国と比較して自分の能力に対する信頼や自信に欠けていることがわかる。「ふつうの家庭」で育った「ふつうの若者」が自信をもてず，幸福感が乏しく生きている現実は，国の前途を左右する最大の問題と思われる。

2節 「学校教育及び社会教育における体験活動の促進について」

　最近の青少年犯罪の凶悪化の一因とされる直接経験の不足に対処するため，国の教育方策としてボランティアに代表される奉仕・体験活動を学校教育および社会教育の中へ積極的に位置づけるむねの通知が，2001年9月，文部科学省より通達された。こうした奉仕活動の学校教育への導入に対しては，戦前の国家主義教育体制の復活と危惧する人も多いが，現在の子どもたちを取り巻く状況を考えれば，奉仕・体験活動の学校教育への導入は，子どもたちに新しい視野を与え，自己の存在を実感するきっかけとなり得るのではないだろうか。

1.「生きる力」を培う社会体験

　2008年改訂の学習指導要領に基づく教科書を使っての教育が，2011年4月から全国の小学校で，2012年4月から中学校で全面実施される。今回の学習指導要領改訂でも「生きる力」をはぐくむという理念は，前回の改訂より引き継がれることとなった。2013年4月からの段階的な適用に先だって，2009年に公示された高等学校学習指導要領では「生徒を取り巻く生活環境の変化の中で，生徒の社会的な体験の機会が減少している状況を踏まえ，社会の構成員としての自覚を深め，学校教育を地域社会に開かれたものにし，地域との連携を強める」ことが趣旨として示された。とくにボランティア活動は，生徒が社会の一員であることを自覚し，互いが支え合う社会の仕組みを考え，自分自身を

高めるうえでも大きな教育的意義がある。生徒は，自分が価値あるたいせつな存在であることを実感するとともに，他人を思いやる心や社会生活を営むうえでの規範を学ぶことができる。また，ボランティア活動は，国際協力，環境保全，少子高齢社会への対応などさまざまな社会問題に対する生徒の問題意識の拡大や深化にも資するものである。奉仕・体験活動は，これを実現するための大きな鍵となるといえよう。2007年東京都で必修化された教科・科目「奉仕」（村上，2007）は米国のサービス・ラーニングをモデルに行なわれたれた先導的試行ともいえる。

2. 体験から学ぶカリキュラム

　日本における青少年ボランティア活動と学校教育とのかかわりはどのようになっているのだろうか。ボランティアの活動を学校教育に取り入れたり，社会教育と学校教育との連携で子どもをボランティア活動へ参加させようとの国の施策の動きをみてみよう。

　まず2001年，学校教育法・社会教育法の一部を改正して，教育行政機関の役割として奉仕活動・体験活動を促進させることが明文化された。さらに2002年「中央教育審議会」の答申においても，ボランティアのもつ教育的役割の重要性が強調されるようになった。その答申を受けて，文部科学省が学習指導要領を改訂し，小・中学校における「心の教育」の重要性を説き，体験的倫理感を熟成する方法として，ボランティア学習が有効であると述べている。こうして，新たな指導要領に沿って実際にボランティア体験を例として盛り込んだ「総合的な学習の時間」が導入された。

　2004年に東京都が教科・科目「奉仕」を必修にし，2007年度から都立高校で実施することを発表した。2005年には東京都設定教科・科目「奉仕」開発委員会が設置され，学識経験者として参加した村上徹也[1]がこの経過を報告している（村上，2007）。この会議において，「奉仕」という科目が，戦前の国家総動員法の「奉仕活動の強制」とは明らかに異なり，むしろIT社会において，生徒が自らの意志で選んだ活動・ボランティア活動が「将来，社会に貢献できる資質を育成する」ための「サービス・ラーニング」としてのカリキュラムとなるよう内容を検討することが確認された。このうえで2006年に事前学

習，体験活動，事後学習で構成される年間35時間，1単位の内容が提案されている。その科目の目標として「奉仕に関する基礎的・基本的な知識を習得させ，活動の理念と意義を理解させるとともに，社会のニーズに応じて活動し，社会の一員であること及び社会に役立つ喜びを体験的に学ぶことを通して，将来，社会に貢献できる資質を育成する」をあげ，「奉仕体験活動」の範囲を「各学校において，生徒に身に付けさせたい力を明確にし，生徒の実態，地域のニーズ等を踏まえて，奉仕体験活動の内容，生徒の活動場所を選択・設定する」と定めている。さらに教科・科目「奉仕」を特定の日，夏季・冬季休業に集中させることも可能なように弾力的編成で実施できるようにされている。日本青年奉仕協会[2]は，東京都で2007年度から導入された設定教科・科目「奉仕」について生徒・学校・地域活動先にアンケート調査を実施し結果を報告している。同報告によると，生徒の半数以上が「体験活動に興味をもった」と答え，約4割の生徒が興味をもたなかったと回答している。どんな状況で体験活動に興味をもてたかを問うと，個別活動では3人に2人が興味をもったと答え，一斉活動では，校外での人との接点から興味をもった生徒が多かった。さらに3人に2人が体験活動を楽しんでおり，6割以上の生徒が「体験活動は自分にとってプラスになった」と答えている。

　こうした東京都の取り組みを初めとして，小・中学校あるいは高等教育機関でも，さまざまな体験活動が学校をとおして提供されその成果が報告されている[3]。内閣府（2005）の「生涯学習に関する世論調査」では，年を追うごとに，「ボランディア活動への参加経験」が増加し，中でも15～19歳の若い人（55.3％）が成人（44.2％）より多く参加している。さらに「ボランティア活動への参加希望」では，成人が59.6％であったのに対して15～19歳の若い人は72.7％にも及び，十代のボランティアへの参加意欲がうかがえる。

3. 社会・医療福祉施設のボランティア活動から学ぶ人間関係－ケアの精神

　高校時代に何度かボランティアの経験をした者は医療・社会福祉におけるケア職を将来の職業に考える者も多い。また家庭科などの教科でケアを必要とする人々とともに過ごすケア経験を通じて，さらにオープンキャンパスとして，ふれあい看護体験や作業療法オリエンテーションなどを通じて，実際に子ども，

高齢者，障害者などに接し他者に役立つ自分の存在を確かめることも少なくない（コールズ，1996）。次にあげるのは筆者がケアを専門とする（看護・保育・医療福祉）専門学校・大学で高校時代のボランティア経験とその感想を聞いたものである（伴，2000）。

「ボランティアをして一番たいへんだったのは，物じゃなくて人間が相手ということだった。コミュニケーションや精神的にも苦労した。コミュニケーションは本当にたいへんだった。最初は話しかけづらかったが，ちょっと積極的に接すれば，わかってくれることがわかったし，相手の立場になって話しを聴こうと心がけた。部屋に入る時でも，コミュニケーションをとると，何もかもスムーズにいくし，ちょっとしたことでも感謝の言葉をいってくれる」

「私たちは老人にしてあげられたことより，老人から学んだ事の方が遙かに多かった」

特別老人ホームへボランティアに行った女子高校生は，はじめは少し偏見の目をもっていたが，

「ボランティアに参加して私の考えは180度かわることになりました。お年寄りのおじいちゃん，おばあちゃんはとても優しく私に接してくださり，一日一日を大切にとても楽しく過ごしていました。『自分が社会の役に立っている』『みんなが楽しく暮らせるように努める』ということが私にとっての『福祉』です」

青少年の多くは，学校でボランティア活動のきっかけを得ている。しかし全学一斉型の取り組みの押しつけは，児童・生徒が受動的になりやすく，画一的になりやすい。数年前，小学生が「ボランティアは草抜きとゴミ拾いのことだ」と言っていたことが思い起こされる。「はじめてのボランティア活動」で「ボランティア嫌い」にならないしかけ，工夫がたいせつである。

ボランティア活動は能動的にかかわることが前提である。ボランティアの語源はラテン語のvolo（望む，欲する）であるといわれており，voluntasは「意志」「欲求」「願望」を表わし，形容詞voluntariusは，「自主意志で行なわれた」「自発的な」という意味である。たとえ学校の必修カリキュラムであっても，ボランティア活動においては，自分の意志が不可欠であるということである。しかし，「水に入らなければ，泳ぎを覚えることはできない」といわれるよう

に，学校教育でそのきっかけを作り，社会教育の場でボランティア活動を行なうための準備学習を行なうことは重要である。「誰でも参加できる多様なボランティア・プログラム」を開発して提供する文部科学省は「全国体験活動ボランティア活動総合推進センター」を設置し，さらに都道府県や市町村に地域をベースにした支援センターを設けている。

3節　サービス・ラーニング

1．サービスとラーニングを学校カリキュラムの中で一体化させた米国のサービス・ラーニング

　地域社会でのボランティア活動の歴史の長い米国ではサービス（奉仕活動：Service）とラーニング（学習：Learning）を教育課程の中で組み合わせたサービス・ラーニング（Service-Learning）が1990年代から注目を集めている。全米の公立学校において，生徒がコミュニティ・サービス（Comunity Service）に参加している学校の割合は2008年で68％に達するが，地域社会との連携を学校カリキュラムの中に位置づけるサービス・ラーニングになるとその割合は少なくなる。生徒がサービス・ラーニングに参加している学校の割合は小学校20％，中学校25％，高校35％となっている[4]。もともと大学・大学院から始まったサービス・ラーニングは幼稚園から大学・大学院レベルまで広くひろがりをみせており，その活動状況は多様である。たとえばメリーランド州では全米で初めて1993年からすべての高校の卒業要件に75時間のサービス・ラーニングを課しているが，どの学年に何時間行なうのか，どんな活動を行なうのかは各学校にゆだねられている。活動内容は多岐にわたるが，この活動は，子どもたちが学校を通じて，実社会の中の責任を経験できるプログラムとなっている[5]。この活動を支える理念は，社会が豊かになり，子どもの学習意欲が減退する中，子どもたちが社会の中で認められる体験をすることがまた学校での学習意欲にもつながるというものである。これはまさに米国の哲学者デューイ（Dewey, J.）の唱える「なす事によって学ぶ」経験主義の思想を基盤としている。

社会奉仕活動に近い言葉にコミュニティ・サービスがあり，その概念は全国および地域サービス信託法（National and Community Service Trust Act of 1993）によって定義された。また，同法はすべてのアメリカ人に国家あるいはコミュニティへの奉仕の実践を通じてアメリカ社会に貢献する機会を保証している。コミュニティ・サービスの担い手はすべての国民であるが，同法ではとくに低所得者や青少年に焦点をあてている。青少年は，コミュニティ・サービスの実践を通じて自身の能力向上を図ることが期待され，かつ，将来的にはコミュニティのリーダーとなることが期待される。コミュニティ・サービスの教育的効果を重視したサービス・ラーニングを通じて，健全で活力のある未来の社会を担う市民を育成するために，生きる力，社会的責任の理解，人間的成長，職業的な経験を得ることなどが期待されている。

　地域サービス信託法により，連邦政府が社会奉仕活動を行なうプログラムを助成することができるようになった。この助成を担当し，全米の社会奉仕活動を振興する機関としてCorporation for National Service（CNS）が設置され，CNSからの助成を通じて各種のボランティア活動プログラムが実施されている（文部科学省，2007）。

2. 市民教育の一環としてのコミュニティ・サービスとサービス・ラーニング

　米国社会は建国以来ボランティア精神・ボランティア活動を国の基礎として重視している。1831年アメリカを視察したフランス人トクヴィル（de Tocqueville, A.）は，アメリカの民主主義を草の根で支える地域社会への関与と奉仕はアメリカ国民の心の習性となっていると述べた（トクヴィル，1998）。

　アメリカでは，「相手のために気を配って尽くすこと」という意味での「サービス」が伝統的に国家および市民の精神的基盤になってきたという。しかし，このサービス精神が近年ゆらいできている。オバマ大統領は就任演説で「今私たちに求められているのは新たな責任の時代だ」（朝日新聞2009年1月24日）と述べ，さらに夫妻は，Time誌のインタビューで，「責任感」と「サービスについて」次のように述べている。「不況という困難な時，今こそ，助け合いが必要でありボランティア精神が必要とされる。コミュニティに積極的にかかわり，自分のできるサービスをすることが大切だ。コミュティ・サービス，つま

り，実際に人や社会に役立つ体験がサービスであり，コミュニティ・サービスは，また地域社会での人間相互交流をもたらし，人間関係を築く機会をあたえる」と（Stengel, 2009）。

　アメリカ人は「自己の力を信じてたくましく生きていく積極的な個人主義者」という肯定的な側面をもつ一方，その反面として「他に対する思いやり」を欠き，「協調の精神が乏しい」という側面をもつことにもなる（本田，1993）。こうした個人主義の否定的側面を緩和し，個人を社会化させる実践として，アメリカ社会が生み出し，伝統的に培ったのがまさにコミュニティ・サービスなのである。このサービス精神に根ざした草の根の民主主義こそが，アメリカの民主主義国家としての根幹になっており，次世代の大人になる子どもに受け継がれなくてはならないのである。

(1) 村上徹也は青少年奉仕研究所に所属中，米国のサービス・ラーニングの実際をスタッフとして体験し，その後，体験を生かして東京都立高校の教科「奉仕」の実施（村上，2007），調査（青少年奉仕研究所「東京都設定教科・科目『奉仕』アンケート調査」，2007年）にもかかわり，市民コンサルタントとしてもサービス・ラーニングの日本での実施普及に活躍している。
(2) 日本青年奉仕協会（TYVA）の解散（2009年8月）にともない，ボランティア365の支援団体設立。
(3) 押谷ら（2007）などがあり，体験学習による成果が報告されている。
(4) 第20回National Service-Learning conferenceはテネシー州ナシュビルで2009年3月に開催され，全米のサービス・ラーニングを概観できる第6回目の報告書Growing to Greatness 2009 (National Youth Leadership Council, 2009) で実践動向を示している。同大会では全米のみならず，海外からのサービス・ラーニングにかかわる人々（小学生からシニアまで）約2,500人が集い，4日間にわたり講演や実習，あるいはコンサートやサービス・ラーニングで功績があった人々や学校，あるいは組織が表彰されるセレモニーが行なわれ，それらを青少年自身が大人とともに企画実行していた。
(5) たとえば，Kaye（2004）やLewis（1998）など具体的な指導書が多数ある。

読者のための推薦図書

- 『子ども100年のエポック』 本田和子（著） 2000 フレーベル社
- 『希望への力―地球市民社会の「ボランティア学」』 興梠 寛（著） 2003 光生館
- 『大切に育てた子がなぜ死を選ぶのか？』 田中喜美子（著） 2007 平凡社
- 『ケアの本質―生きることの意味』 メイヤロフ，M.（著）／田村 真・向野宣之（訳） 2000 ゆみる出版

16章
子どもの未来のために

1節 未来からの留学生—子どもは未来の担い手

　言うまでもないが，人間は年をとるにつれて，過去が長くなり，未来は短くなる。老人になればなるほど，残された未来（余命，余生）はしだいに減ってくるのに対し，平均寿命が伸びるため，子どもにはますます長い未来が待ち受けている。10歳の子どもは10年間の過去しかもっていないが，80歳の老人は80年間という長い過去をもっている。

　失われた過去を取りもどすことはできないので，人はたえずみずからの過去を回想して，後悔の念にとらわれたり，美化，懐旧の情にかられたりする。残された時間（未来）が少ないだけに，あきらめ，あせり，さとりなどの境地に達すると同時に，長い人生経験から得られた教訓や智慧を後世に伝えたいとも考える。

　生まれたての赤ちゃんには過去（少なくとも自覚する過去）はなく，未来があるのみである。しかも平均的にみれば，その未来はますます長期になるはずだ。このように子どもの年齢が低ければ低いほど，子どもはますます長期間，未来の中で生きる，あるいは生きなくてはならない。未来はやり直しのきかない過去とは違って，未知，未経験，未開拓の世界であり，程度の差はあれ，選択の幅は広く，やり直し，立ち直りの機会も多い。そういう意味で未来には大きな可能性がある。子どもには「無限の可能性」があるというのも，そのためだ。

　このように，子どもは未来という世界の住人である。具体的に言えば，今の子どもは，始まったばかりの21世紀という時代の中で生きなくてはならない。子どもを待ち受けているのは21世紀という未来である。子どもを「21世紀か

らの留学生」とか「未来からの留学生」と名づけることがあるが，その「留学生教育」に携わるのが，親であり教師である。留学生はやがて母国に帰国して貢献するが，今の子どもたちも21世紀という母国の担い手，支え手となる。

21世紀という未来はどんな課題をかかえており，その中で生きていくためにはどんな資質（生きる力）が要求されるかなどを，留学生教育の担当者は理性的に洞察，把握しなければならない。この留学生教育に成功しなければ，留学生は母国（未来）に対する夢も希望ももてず，母国に帰国すること（成人となり社会人となること）を拒否して，その時その時の刹那的な快楽や利益を追求する人間になってしまうだろう。みずからの存在感，価値感，使命感，責任感などを見失ってしまうだろう。せっかく，留学生教育を提供してくれた親や教師に尊敬，信頼，感謝などの気持ちをいだくどころか，軽蔑，不信，反抗などに走るかもしれない。

今の子どもたちは人生の大部分を21世紀で送る。彼らは21世紀の担い手，支え手だ。21世紀がどうなるかによって，彼らの幸・不幸は決まるが，その21世紀をどんな時代にするかは彼らしだいだ。21世紀に予想される各種の難問を解決する力を身につけなければ，21世紀を明るい希望に満ちた時代にすることはできないし，彼ら自身も21世紀を明るく生き抜くことはできないだろう。子どもの未来のために，未来という視点から，今の子どもや教育を見直さなくてはならない。詳しくは以下の各章で説明されるが，ここではまず今の子どもや教育にどんな問題があるかを指摘したあと，未来を予測してその教育課題を摘出することにしたい。

2節　現在の子ども—教育ポピュリズム

最も身近な日本について言えば，今日すでに確実に進行しつつあり，かつ今後ますます加速が予測されるのは，少子高齢化である。高齢化する日本の未来を支え担っていくのは，少子化によって減少する一方の今の子どもたちだ。子どもは「国の宝」といわれるが，21世紀の日本にとって子どもはますます貴重な宝といわなくてはならない。せっかくの宝を磨きもせず埋もらせてしまっ

ては，日本の将来も，子どもたちの未来も危うい。

　ところが少子化のため「希少価値」をもつようになった彼らは，家庭でも学校でも皮相な意味での「宝もの扱い」をされるようになった。親は1人か2人のわが子を「王様扱い」「ハレモノ扱い」し，欲しがるものばかりか，欲しいと言っていないものまで，次から次に買い与える。「勉強」のためといえば，参考書でも家庭教師でも何でも用意してやる。子どもの御機嫌をそこねないよう，細かいところまで気を使う。親子の地位は逆転し，子どもが親に命令し，親が子ども孝行，子どもサービスに努める。子どもは何をしても何もしなくても「見て見ぬふり」をされる。ふところが豊かになった子どもたちをターゲットにした産業が発達し，子どもにおもねる商品や番組が氾濫する。

　最近，かなり広く用いられるようなったが，こうした子どもに対する大人や社会の迎合の風潮を教育ポピュリズムと称する。ポピュリズムとは大衆迎合主義，人気取り政策をさすが，教育においてもこれに似た傾向があるというのである。こうした教育ポピュリズムの中で，自分さえよければそれでよいといった自己中心主義，目先の快楽さえ得られればそれでよいといったその日暮らしに陥った子どもは，かえってみずからの価値，将来の目標を見失い，社会や未来とのつながりを見失い，無力感や孤独感にさいなまれる。勤勉，努力，忍耐，感謝，反省，礼節などの徳は忘れ去られ，ちょっと気に入らないできごとや，ちょっと気に入らない人がいれば，すぐカッとなって，「キレる」。

　学校でも同じだ。「子どもが主人公」というスローガンが拡大解釈され，子どもを欲求不満に陥れないことが教育の秘訣だとする子ども中心主義だけが金科玉条視され，子どもに対するいっさいの強制，拘束，管理，規則が緩和され撤廃される。校則はすべて悪玉視され，生徒会主催の入学式や卒業式がもてはやされる。子どもの気持ち，不満，要求を知ろうとして話し合いやアンケート調査が広く行なわれる。個性や自主性の尊重という名目のもとでどんな服装も言動も容認され弁護される。子どもを競争させ順位や序列をつけることは，「非民主的」「エリート主義」などと反対される。

　少子化の波が押し寄せると，上級の学校は定員不足となり，「客集め」や「客の引き止め」に苦労するようになり，入学や卒業の要件を緩和し，どんな子どもも目をつむって受け入れ送り出す。「消費者は王様」なので，学校や教師

は，教育の顧客，消費者たる学生・生徒の意向を最大限，受け入れようとする。

　これが教育ポピュリズムだが，もちろん，すべての家庭，すべての学校がそれによって支配されているわけではない。子どもに遠慮し，子どもの御機嫌を取るどころか，児童虐待を犯す家庭もあるし，規則，テスト，ツメコミなどで一方的に子どもをしばり上げ，しめ上げる学校もある。しかし，そうした家庭や学校が広い注目を集め，告発や批判の対象とされるようになったのも現代の特徴である。

　教育ポピュリズムが横行すると，せっかくの「国の宝」が磨かれないままに放置される。子ども個人の側から言えば，せっかくの「可能性」を発揮，実現することができない。

　子どもへの迎合，教育ポピュリズムはなにも子どもに対して発動されるだけではなく，現代社会をおおう社会的風潮たるポピュリズム（大衆迎合主義）の反映であり一環である。現代社会の特徴を示す言葉は数多く考え出されているが，最大公約数的にいえば「変動社会」ということになるだろう。あらゆる面での変化が大規模に，急激に，かつ次つぎに起きるのは現代の特徴だ。大きくは地球規模，世界規模，国際関係において，もっと身近なところでは日本という国の政治，経済，文化，世論などにおいて激変，急変がたえず起きており，地域も職場も家庭も，この変化から超然としているわけにいかず，変化に柔軟適切に対応しなくてはならない。カルチャーショックという言葉があるが，個人もこの変化の中でたえず適応することに苦しみショックを受けなくてはならない。

　今日わが国では教育改革が唱導，実行されつつあるが，とくに制度改革の路線を敷いたのは臨教審（臨時教育審議会）である。臨教審は21世紀に向けての教育改革の基本原則として，「個性の重視」と並んで「生涯学習体系への移行」と「変化への対応」を掲げた。変動社会では文化の陳腐化が急激であるため，既存，既成の伝統的な知識や技術はすぐに役立たなくなる。そのため従来型の「文化の伝達」「既存社会への適応」を中心とした「追いつき型」「上からの」教育は根本的な改革を迫られる。学校で何もかもを詰め込み式に教え，卒業すればそれまでに蓄えた知識や技術を小出しにして，一生何とかやっていけるという時代は終わり，生涯たえず学習を継続しなくてはならない生涯学習体

系が必要となる。

　こうした変動社会では世代間の上下関係が大きく揺らいでくる。古い世代（親や教師，先輩や上司）の自信，権威，地位は疑われ，若い世代（子どもや若者，後輩や部下）から「頭が古い」「時代遅れ」という軽蔑や非難を受ける。実際，マンガ，コミック，テレビゲーム，携帯電話，パソコン，ファッションなどを，今の子どもや若者は大人よりずっとさきに身につけている。

　その上，『成熟社会』（ガボール）が到来した（以下『　』はいずれもベストセラーの書名である）。成熟化は臨教審が今日の社会変化の１つとして指摘した特徴だが，そこでは「成長より成熟」「生産より生活」「モノより心」「仕事より余暇」「量より質」を尊重するという考え方が起きる。家庭も余暇も返上して，「国のため」「会社のため」に働いた結果，「成長」や「豊かさ」は実現したが，『成長の限界』（ローマクラブ）が痛感され，『ゆたかな社会』（ガルブレイス）の中で『何のためのゆたかさ』（リースマン）が反省された。組織の中で生きる『オーガニゼーションマン』（ホワイト）の不満が自覚され，『大衆の反逆』（オルテガ）が起き，私生活中心主義，私事化と訳されるプライバタイゼーションの傾向が強まる。

　公より私を，パブリックなことよりプライベートなことを優先するこのプライバタイゼーションに対応するため，政治では有権者や納税者が，経済では顧客や消費者が，マスコミでは視聴者や購読者が「王様」とされ，大衆の声は「神の声」とされ，その私的な利益や歓心に訴える方策が採用されるようになる。いたるところで大衆迎合主義（ポピュリズム）が横行するが，中でも少子化によって「希少価値」を高め，年少労働から解放されてリッチな消費者となった子どもの発言権が強まる。その帰結であるとともに原因でもあるのが他ならぬ教育ポピュリズムである。

　わが国にはとくにプライバタイゼーションを育てる歴史的な背景がある。戦後の廃墟の中，価値観の崩壊の中から立ち上がって，経済的，物質的復興をほとんど唯一の目標として努力した結果，多くの国際的条件にも支えられて日本は奇跡とも称されるほどの成長を遂げて「経済大国」「豊かな社会」となった。国民には一種の自信やおごりとともに，成長への反省が生まれた。カネやモノは豊かになったが，心の豊かさやゆとりは失われた。趣味も余暇も家庭も返上

して働く「会社人間」「仕事人間」「企業戦士」「働き中毒」に対する非難や自嘲の声が高まり，海外からは「経済侵略」「タダ乗り」「謝罪とつぐない」など，「日本たたき」が起きた。

　こうした中で，もっと自分を大事にする，生活の質や生きがいを尊重するという成熟社会における考え方や生き方，気分や態度の変化こそがプライバタイゼーションである。人々は自分が自由に支配できる私的な空間（家庭），私的な時間（余暇），私的な活動（趣味）に価値や生きがいを見いだすようになる。

　公的な生活における私的な意思，個人の参加の限界が拍車をかける。政治はあまりにも複雑化，遠隔化していて，選挙を除けば人々は政治から疎外されているため，政治的無関心，無力感に陥り，みずからの意思を自由に発揮できる家庭や私生活に生きがいを見いだすようになる。職場でも同様である。大部分の人は分業化，組織化，機械化，管理化，合理化が徹底した職場で，組織の歯車，マニュアルどおりに働く人間となり，市場の動向，顧客の意向に一喜一憂し，ストレスやリストラに悩まされる。そこで，自分らしさや，生きがいを私的な時間，空間，活動に見いだそうとする傾向が生じてくる。

　プライバタイゼーションの行きつく先は，自分を守ろうとするあまり，いっさいの他者，いっさいの社会とかかわり合うことを煩わしいと拒否することである。マイホーム主義はそのはしりとされたが，今や自分の家庭，家族をもつことすら物心両面の苦労のみ多く，自分を犠牲にしなくてはならないと考えるようになり，結婚を拒否する人，子どもを欲しがらない人，家出したり個室に引きこもったりする人が多くなる。かつて恋愛や友情は美化されていたが，今や通り一遍の表面的な交際が好まれる。人と交際するのは面倒だというので，自分に忠実でかわいらしいペット愛好者が増えているが，そのペットさえ排泄物や病気の世話をしなくてはならないので，ぬいぐるみやペットロボットが「いやし」として宝ものとなる。

　教育でもプライバタイゼーションとポピュリズムという互いに関係する変化が顕著だ。子どもにとっての仕事は勉強とされるが，今の子どもは「仕事人間」「働き中毒」にも当たる「勉強人間」「偏差値中毒」になるよう求められている。子どもにとっての職場は学校とされるが，今の学校は「管理社会」になり，子どもの自由や個性を抑圧する場になっている。－このように解釈し同情する大

人は，もっと子どもを自由にし，子どもを大事にしなくてはならないと考えるが，それが行きすぎると教育ポピュリズムが台頭，蔓延する。

　こうした教育ポピュリズムが一定の許容度，限界を越えると学校や教室からは秩序が崩壊し授業は成立しなくなる。信賞必罰，公正な評価のシステムは作用しなくなるばかりか，「できる子」は「出しゃばり」「点取り虫」などと，「いい子」は「いい子ぶっている」「先生のお気に入り」などとされて，いじめの標的となる。「悪貨は良貨を駆逐する」グレシャムの法則が支配し，学校は学びの場ではなく遊びの場に，大学は学問の府ではなくレジャーランドにと変容し，学力低下，学級崩壊が起きる。幼稚園の「自由保育」はやがて「小１プロブレム」へ，さらに「学級崩壊」へと拡大し，「学級崩壊」のもとで育った若者は「成人式崩壊」の実行者となる。学校での「勉強ぎらい」は職場での「仕事ぎらい」へ，学校での登校拒否は職場での出社拒否へと連動するだろう。

　教室という公的な空間，授業時間という公的な時間に，自分勝手な私的な行為や会話（私語）を公然と行ない，教師にとっての公務たる授業を，仲間にとっての公務たる勉強を妨害するのは，一種の「公務執行妨害」であり，学級崩壊とは，公の中に私が侵入し，公を破壊する「公私混同」に他ならない。しかしポピュリズムのもとでは，「公務執行妨害罪」に対する罰はなく，その罪を犯す者にも罪の意識はない。いったん，歯止め，タガ，けじめがなくなると，「私」はますます増長し，「公」は後退に後退を重ねる。

　以上のような光景はもちろん極端に描いたものだが，こうした教育ポピュリズムのもとで自分さえよければそれでよい，何をやっても何もしなくても自分の勝手だといった自己中心主義が育ち，公私感覚が麻痺するのも当然だといってよい。子どもたち自身，ジコチュー（自己中心主義）の横行を認めている。現在の教育のもとで育ちつつある子どもの未来ははたして大丈夫か，また未来の社会は彼らによってはたして支えられ得るかという反省を迫られるであろう。現在の子どもたちを待ち受けている未来を予測してみるとき，その反省の必要はさらに痛感されるにちがいない。

3節　未来の予測—後世，恐るべし

　『論語』子罕編に「後生，畏るべし」という句がある。ついでながら，最近，中教審（中央教育審議会）なども教養の知の不足を指摘し，教養教育の重視を主張しているが，古今東西の古典に親しむことは教養教育の重要な一環だ。ハーシュ（Hirsch, E. D.）の『教養が国を作る』（原書名は『*Cultural Literacy*』，すなわち文化的あるいは教養的識字）という名著も，そのことを力説して大きな衝撃を与えた。『論語』はもちろん，そうした教養にとっての古典である。

　後生とは先生に対置される語で，後輩，弟子などをさし，後からくる彼らは先生，師を乗り越える可能性，力量を秘めているため，先生，師たる者は後輩，弟子（後生）に対して畏敬，畏怖の念をもたなくてはならないというのだ。また真の師は，弟子，教え子が自分を乗り越え，自分以上の者になることを望んでいるはずだ。教師や親が子どもから学び，教えられるというのもこれに近い。

　しかし，日本語では同じ発音になるが，「後生，畏るべし」を「後世，恐るべし」とあらためて現在の教育や子どもに対する警告の辞とすべきではないかと思う。後世，つまり未来は恐るべき世の中になるし，これからの世代，後生はこの恐るべき世の中で苦労しなくてはならないし，それを乗り切るだけの覚悟と準備が必要だと指摘したいのだ。

　教育も「恐るべき後世」，未来を見通して行なう必要がある。上に述べてきた教育ポピュリズムによっては，子どもの未来に明るい展望は開けない。もっとも，未来や後世の恐ろしさをあまりに強調しすぎると，未来への希望を失わせる危険がある。恐るべき後世とは，それだけ解決すべき困難，取り組むべき課題が多いことを意味するので，挑戦すべきフロンティアも広い。そうしたフロンティアを発見，開拓することに喜び，生きがい，勇気，責任感，自己実現の道を見つけ出す教育，一言で言えば志を育てる教育が必要だろう。21世紀の日本が恐るべき後世であることは容易に理解できるし，心ある国民はそれを漠然と，あるいは明確，痛切に実感している。

　もっとも未来予測はきわめて困難である。かつて未来学が流行したことがあったが，未来学が教えたことは未来学が当てにならぬということだったと皮肉

られた。「一寸先は闇」「来年の事を言えば鬼が笑う」とことわざにも言うとおり，個人にせよ社会にせよ，予想もしなかったことが突然襲うのが歴史の教訓だ。敗戦後の日本が経済大国になるなど誰1人予想しなかった。バブルがはじけて今日のような不況がやってくるとは誰も予想しなかった。冷戦の終焉，大震災，大企業の倒産，同時多発テロなど，例は無数にある。予想もしない大事件，激変が次から次に起きるということだけは予想できる。常日ごろの非常事態に備えた危機管理，危機克服の能力が個人にも社会にも要求される。未来は予測不能だとして運命論を奉じたり，また時代や社会の変化に流されるまま自主性を失ったりすることなく，いかなる変化にもたじろがず，毅然としてそれに立ち向かう姿勢こそがこれからますます必要となるだろう。

　個人にしても，いつ交通事故に遭うかもしれず，いつ自分の会社が倒産するかもわからない。個人の予知能力を超え，みずからの意志ではいかんともしがたい事態が発生する可能性がある。危機や将来に備えて貯蓄に励み保険をかけても，超インフレが起き，保険会社がつぶれるかもしれない。政府も社会保障や福祉に力を入れてはいるが，公的財政が破綻するかもしれない。

　このように取り越し苦労すれば際限がない。そこで「明日は明日の風が吹く」「何とかなるだろう」「何とかしてくれるだろう」といった，その日暮らし，その場しのぎ，あなた任せになり，取り越し苦労から逃れようとする風潮が起きる。この風潮の蔓延自体が，「恐るべき後世」の危機的変化の1つなのである。

　こうして未来予測は困難だといっても，未来が変化，激変し，しかも予測困難な変化，危機がたえず起きるであろうことだけは確実に予測できる。それは前にも指摘したとおりだが，予測可能な変化もまた多い。わが国でいえば少子高齢化と成熟化が，教育ポピュリズムの台頭に大きく作用した変化である。それらは突如として到来した変化ではなく，徐々にしのび寄り，じわりじわりと加速する変化であり，それだけに過去や現在の延長線上にあるため，かなり予測はできる。少子高齢化や成熟化が教育ポピュリズムの台頭に与えた影響についてはすでにふれたが，そのほかにも数多くの変化が未来に予測される。そしてその変化はいずれも未来の個人（今の子どもたち）や社会に明暗さまざまな影響を与え，深刻な課題を提出する。それを教育がどう受け止め，どう解決するかが問われる。

人間は社会的存在であり，生まれた時から死ぬまで，いろいろな社会に所属し，その社会の中で役割を果たす。最も広く言えばあらゆる人間は自覚すると否とにかかわらず，地球や世界という社会の中で生きる人類，世界市民の一員である。そして国際化，グローバル化，ボーダレス化という確実に予想され進行しつつある地球規模の変化の中で，国際協力，国際競争，国際摩擦，国際紛争，資源・エネルギー，南北格差，環境，難民，人権，テロなど数えきれないほど多くの問題が続出，深刻化している。これらの問題は人類が協力して解決しなくてはならない。未来の子どもはこうした問題に取り組むべき人類の一員である。そこから教育の課題も明らかになるにちがいない。

　範囲をやや狭めれば，完全な無国籍者以外，すべての人間は祖国という国家に所属し，国民の一員である。いかに国際化やボーダレス化が進もうとも（いや進めば進むほど），国家の役割は大きい。国が独立した立場を失ったとき，国の経済が破綻したとき，その国民のすべてがいかに悲惨な目に遭わなくてはならないかは歴史や現実が明確に示してくれる。たとえ祖国を捨て，自国を愛さなくても，日本人は日本人として見られる。そして，その国家もまたそれぞれ解決すべき問題をかかえているのだから，国民の一員としてよりよい国家を建設するという意思や資質を養うことが，教育に求められる。

　さらに範囲を狭めるなら，すべての人間はある地域（行政区画から言えば地域はさらに都道府県—市町村—地区などに細分される）に所属する地域住民，市民の一員である。それらの地域もまた地盤沈下，連帯感喪失，ゴミ問題，犯罪など各種の問題をかかえ，地域の解体や崩壊が心配されている。学校も子どもも地域からの影響を強く受け，「開かれた学校」「学社連携」「学校5日制」「総合的学習」などの動きからも明らかなように，地域の問題解決，地域づくりに貢献することが求められる。

　さらにほとんどすべての人は家庭を生活の場，拠点とし，家族の一員という地位を有する。ところがその家族が大きな変化を受けつつあり，家庭崩壊，家族解体などがいわれている。子どもの未来（いや，現在）のために家庭の回復，その教育力の向上の重要性は広く指摘されている。子どもはさらにますます長期間，学校という社会に所属し，学生・生徒・児童という地位をもっている。在学期間の延長，高学歴化の進行も，確実に予測される未来である。子どもは

学校を出れば，やがて職場という社会の一員（職業人）となることを予定されている。ところがその職場はかつての時代とはちがって，大きく変貌を遂げつつある。終身雇用，年功序列，学歴主義などの慣行は崩壊し，厳しい成果主義，能力主義が支配しはじめたし，職場や職種自体がいつ消滅するかわからなくなった。「恐るべき後世」が最も鮮やかに出現しつつあるのが，現在の職場であり，未来の職場であろう。そうした未来を見通した教育が行なわれているかとなると，大きな反省を迫られざるを得ない。詳しくは新堀通也『脱・ポピュリズム宣言──迎合のツケ，誰が払う』（2002，明治図書）を参照して欲しい。

引用・参考文献

●●●1章●●●

アリエス，P. ／杉山光信・杉山恵美子（訳）1980 ＜子供＞の誕生 みすず書房（Ariès, P. 1960 *L'enfant et la vie familiale sous l'ancien régime*. Paris：Plon.）

デュルケーム，É. ／宮島 喬（訳）1985 自殺論 中央公論社 pp.475-476.（Durkheim, E. 1960 *Le Suicide：étude de sociologie, nouvelle édition,3ᵉ trimestre*. Paris：Presses Universitaires de France.）

エリクソン，E. H. ／大沼 隆（訳）1974 青年ルター 教文館（Erikson, E. H. 1958 *Young Man Luther*. New York：Norton.）

エリクソン，E. H. ／村瀬孝雄・近藤邦夫（訳）1990 ライフサイクル，その完結 みすず書房 pp.71-78.（Erikson, E. H. 1982 *The Life Cycle Completed：A Review*. New York：W.W. Norton & Company Inc.）

パーソンズ，T. & ベールズ，R. F. ／橋爪貞雄（訳）1970 核家族と子どもの社会化 黎明書房 pp.69-73, 77.（Parsons, T. & Bales, R, F. 1955 *Family：Socialization and Interaction Process*. New York：Routledge and Kagan Paul.）

●●●2章●●●

バダンテール，E. ／鈴木 晶（訳）1991 母性という神話 筑摩書房（Badinter, E. 1980 *L'amour en plus*. Paris：Flammarion.）

ボウルビー，J. ／黒田実郎（訳）1967 乳幼児の精神衛生 岩崎学術出版（Bowlby, J. 951 *Maternal care and Mental health*, Geneva：WHO.）

堂本暁子・天野恵子 2009 堂本暁子と考える医療革命―性差医療が日本を変える 中央法規出版

木村涼子 2009 ジェンダーと教育 リーディングス日本の社会と教育 第16巻 日本図書センター

国立女性教育会館 女性学・ジェンダー研究会（編）1999 女性学教育／学習ハンドブック 有斐閣

鯨岡 俊 2002 〈育てられる者〉から〈育てる者〉へ NHKブックス

ミッチャーリヒ，A. ／小見山 実（訳）1988 父親なき社会 新泉社（Mitscherlich, A. 1963 *Auf dem weg zur vaterlosen gesellschaft*. München：R. Piper.）

宮崎あゆみ 1991 学校における「性役割の社会化」再考 教育社会学研究，48, 105-123.

齋藤 学 1992 子供の愛し方がわからない親たち 講談社

ショーター，E. ／田中俊宏・岩橋誠一・見崎恵子・作道 潤（訳）1987 近代家族の形成 昭和堂（Shorter, E. 1975 *The making of the Modern Family*. New York：Basic Books.）

橘木俊詔　2008　女女格差　東洋経済新報社
統計数理研究所　2009　国民性の研究　第12次全国調査―2008年全国調査　研究リポート，99．
山村賢明　1971　日本人と母　東洋館出版社

●●3章●●

安東由則　2005　新堀通也の日本教育歴年史 1979-2004　北大路書房
東　洋・繁田　進・田島信元（編）1992　発達心理学ハンドブック　福村出版
ボードリヤール，J.／今村仁司・塚原　史（訳）1982　象徴交換と死　筑摩書房
　　（Baudrillard, J. 1976　L'echange symbolique et mort. Gallimard.）
ベネッセ教育研究開発センター　2005　第1回子ども生活実態調査報告書　研究所報，33．
ベネッセ教育研究開発センター　2007　第4回学習基本調査報告書・小学生版　研究所報，38．
ベネッセ教育研究開発センター　2008　第3回子育て生活基本調査報告書・小中版　研究所報，47．
藤川大祐　2008　ケータイ世界の子どもたち　講談社
フコク生命　2009　マンスリーエコノミックレポート　6月号　http://www.fukoku-life.co.jp/economic-information/index4.html
広田照幸　1999　日本人のしつけは衰退したか　講談社
本田和子　1982　異文化としての子ども　紀伊国屋書店
本田和子　1999　変貌する子ども世界　中央公論新社
門脇厚司　1999　子どもの社会力　岩波書店
亀山佳明　1990　子どもの嘘と秘密　筑摩書房
苅谷剛彦　1995　大衆教育社会のゆくえ　中央公論社
河合隼雄　1987　子どもの宇宙　岩波書店
国立社会保障・人口問題研究所　http://www.ipss.go.jp/syoushika/tohkei/
厚生労働省　http://www.mhlw.go.jp/toukei/saikin/hw/jinkou/geppo/nengai08/kekka2.html
三宅和男・北尾倫彦・小嶋秀夫（編）1991　教育心理学小辞典　有斐閣
文部省・子どもの体験活動研究会　2000　子どもの体験活動等に関する国際比較調査
　　http://www.mext.go.jp/b_menu/houdou/12/02/000202.htm
内閣府　2007　低年齢少年の生活と意識に関する調査（2006年3月実施）
　　http://www8.cao.go.jp/youth/kenkyu/teinenrei2/pdf/
NHK放送文化研究所（編）　2000　現代日本人の意識構造［第5版］　日本放送出版協会
NHK放送文化研究所（編）　2004　現代日本人の意識構造［第6版］　日本放送出版協会
柴野昌山（編）　1989　しつけの社会学　世界思想社
下田博次　2008　学校裏サイト　東洋経済新報社
新堀通也　1996　「見て見ぬふり」の研究　東信堂
新堀通也　2000　志の教育　教育開発研究所
須藤春佳　2008　前青年期の親しい同性友人関係"chumship"の心理学的意義について　京

都大学大学院教育学研究科紀要，**54**，626-637.
菅谷明子　2000　メディア・リテラシー　岩波書店
サリヴァン，H. S.／中井久夫・高木敬三・宮崎隆吉・鑪幹八郎（訳）　1990　精神医学は対人関係論である　みすず書房（Sullivan, H. S.　1953　*The interpersonal theory of psychiatry*. New York：Norton.）
橘木俊詔　2006　格差社会　岩波書店
内田隆三　1987　消費社会と権力　岩波書店
山田昌弘　2004　希望格差社会　筑摩書房
山中康裕　1978　少年期の心　中央公論新社
山中康裕　2002　ハリーと千尋世代の子どもたち　朝日出版

●●●4章●●●

馬場禮子・永井　撤（編）　1997　ライフサイクルの臨床心理学　培風館
エリクソン，E. H.／岩瀬庸理（訳）1973　アイデンティティ―青年と危機　金沢文庫（Erikson, E. H.　1968　*Identity：Youth and Crisis*. New York：W.W. Norton & Company, Inc.）
福島　章　1974　現代青年の精神状況　厚生補導，**101**，2-13.
井上雄彦　2001　リアル　第1巻　集英社　p.86.
石川　准　1992　アイデンティティ・ゲーム　新評論
岩見和彦　1993　青春の変貌　関西大学出版会
笠原　嘉　1977　青年期―精神病理学から　中央公論新社
川崎賢一　1996　青年期の社会学　井上　俊・上野千鶴子・大澤真幸・見田宗介・吉見俊哉（編）ライフコースの社会学　岩波講座現代社会学　第9巻　岩波書店　pp.75-94.
香山リカ　1999　＜じぶん＞を愛するということ　講談社
国立教育政策研究所教育課程研究センター研究開発部学力調査課　2009　平成21年度全国学力・学習状況調査
小谷　敏　1998　若者たちの変貌　世界思想社
宮台真司　1994　制服少女たちの選択　講談社
無藤清子　1999　青年期とアイデンティティ　鑪　幹八郎・山下　格（編）アイデンティティ　日本評論社　pp.49-60.
中野　収　1997　メディア人間　勁草書房
千石　保　1991　「まじめ」の崩壊　サイマル出版会

●●●5章●●●

天野郁夫　1983　試験の社会史―近代日本の試験・教育・社会　東京大学出版会
中高一貫教育推進会議　2000　中高一貫教育の推進について（報告）
藤田英典　1997　教育改革　岩波書店
藤田英典　2001　新時代の教育をどう構想するか　岩波書店
月刊高校教育編集部（編）　2000　中高一貫教育の推進の手引き　月刊高校教育，**33**(11).

月刊高校教育編集部（編） 2000 中央教育審議会答申「二十一世紀を展望した我が国の教育の在り方について」 月刊高校教育, **33**(3).
唐澤富太郎 1968 近代日本教育史 誠文堂新光社 p.27.
文部科学省（編） 2001 学校基本調査報告書（初等中等教育機関・専修学校・各種学校編）平成13年度 財務省印刷局
文部省 1972 学制百年史 資料編 帝国地方行政学会 pp.11-18, 89, 105.
文部省 1992 学制百二十年史 ぎょうせい p.767.
文部省 2000 中央教育審議会答申（初等中等教育と高等教育との接続の改善について） 文部時報 2月臨時増刊号 第1484号 ぎょうせい
寺崎昌男（編） 1994 日本の教育課題 第6巻 選抜と競争 東京法令出版 pp.153-154.

●●● 6章 ●●●

中央教育審議会 1998 今後の地方教育行政の在り方について
　　http://www.mext.go.jp/b_menu/shingi/12/chuuou/toushin/980901.htm
中央教育審議会 2005 新しい時代の義務教育を創造する
　　http://www.mext.go.jp/b_menu/shingi/chukyo/chukyo0/toushin/05102601/all.pdf
堀井啓幸・福本みちよ（著） 2009 実践教育法規 2009 小学館
細谷俊夫・河野重男・奥田真丈・今野喜清（編） 1990 新教育学大辞典（第2巻） 第一法規出版
窪田眞二（監修） 学校教育課題研究会（編） 2009 平成22年度 教育課題要覧 学陽書房
前原健三 2007 創造的自己実現を目指すホリスティックな学級経営論の探究―大学における教員養成の立場からの解釈と実践的課題 武庫川女子大学大学院教育学研究論集 第2号
文部科学省 2005 義務教育の構造改革 http://www.mext.go.jp/a_menu/gimukyou/pdf/05112201/001.pdf
文部科学省 2007 新しい教育基本法について http://www.mext.go.jp/b_menu/kihon/houan/siryo/07051111/001.pdf
新堀通也（著） 2000 志の教育―「危機に立つ国家」と教育 教育開発研究所
田中壮一郎（監修） 教育基本法研究会（編） 2007 逐条解釈 改正教育基本法 第一法規出版
山崎清男（編） 2008 現代の教育と学校―その基礎と展開 川島書店

●●● 7章 ●●●

Butts, R. F. 1955 *A Cultural History of Western Education*. McGraw-Hill Books Company.
藤井 泰 2001 近代イギリスのエリート教育システム 橋本伸也・藤井 泰・渡辺和行・進藤修一・安原義仁（編） エリート教育 ミネルヴァ書房 pp.26-28.
グリーン, V. H. H. ／安原義仁・成定薫訳 1994 イギリスの大学―その歴史と生態 法政大学出版局 pp.3-9.
文部科学省 2009 教育指標の国際比較 平成21年度版 http://www.mext.go.jp/b_menu/toukei/001/__icsFiles/afieldfile/2009/01/30/1223117_1.pdf